Mudanças

O Fim é Apenas o Começo...
A Sintaxe para o Sucesso

Ricardo Coutinho

Mudanças

O Fim é Apenas o Começo...
A Sintaxe para o Sucesso

QUALITYMARK

Copyright© 2003 by Ricardo Coutinho

Todos os direitos desta edição reservados à Qualitymark Editora Ltda.
É proibida a duplicação ou reprodução deste volume, ou parte do mesmo, sob qualquer meio, sem autorização expressa da Editora.

Direção Editorial
SAIDUL RAHMAN MAHOMED
editor@qualitymark.com.br

Produção Editorial
EQUIPE QUALITYMARK

Capa
WILSON COTRIM

Editoração Eletrônica
MS EDITORAÇÃO ELETRÔNICA

CIP-Brasil. Catalogação-na-fonte
Sindicato Nacional dos Editores de Livros, RJ

C898m

    Coutinho, Ricardo
        Mudanças: o fim é apenas o começo...: a sintaxe para o sucesso / Ricardo Coutinho. – Rio de Janeiro : Qualitymark, 2003

        Inclui bibliografia
        ISBN 85-7303-422-X

        1. Mudança organizacional. 2. Planejamento estratégico. 3. Desenvolvimento organizacional. I. Título.

03-1090

CDD 658.406
CDU 65.016.7

2003
IMPRESSO NO BRASIL

Qualitymark Editora Ltda.
Rua Teixeira Júnior, 441
São Cristóvão
20921-400 – Rio de Janeiro – RJ
Tel.: (0XX21) 3860-8422

Fax: (0XX21) 3860-8424
www.qualitymark.com.br
E-Mail: quality@qualitymark.com.br
QualityPhone: 0800-263311

Dedicatória

▼

Para Rosina, Gabriela e Guilherme, aqueles que me dão força e energia para continuar MUDANDO sempre.

Prefácio

O primeiro contato que tive com Ricardo Coutinho foi em uma visita que ele fez à CBPO (empresa do Grupo Odebrecht) quando eu era o Responsável por Planejamento e Pessoas e ele buscava conhecer as bases da Tecnologia Empresarial Odebrecht. A intenção da visita era colher subsídios para uma abordagem diferenciada que seria aplicada na recém-privatizada Embraer, tendo como ponto de partida os princípios de gestão da organização que, naquela época, já era considerada como um dos referenciais brasileiros de administração.

Quis o destino que nos encontrássemos novamente, ele como Gerente de Planejamento de uma das divisões de negócio da Embraer e eu como Diretor de Recursos Humanos na mesma empresa.

Desde o primeiro encontro, sentimos que muitas afinidades conceituais nos uniam, ainda que vindos de origens tão distintas. Ele, como engenheiro especializado em aeronáutica, e eu, como profissional da área de gestão humana. Na oportunidade em que estivemos lado a lado, tentando contribuir com o imenso desafio que é estar envolvido com o planejamento estratégico na Embraer, pudemos trocar experiências e aprofundar nossas visões, de forma que percebemos que origens tão diferentes não tinham mais relevância, tal era nossa sintonia conceitual.

Coincidências à parte, participamos durante algum tempo das mesmas histórias. A Odebrecht e a Embraer são das poucas empresas genuinamente brasileiras submetidas a realidades globais; a primeira, com a execução de serviços de engenharia para mais de 20 países, a ponto de ter seu faturamento externo maior do que o interno; a segunda, que não necessita de comentários adicionais, tem demonstrado ao mundo a competência da alta tecnologia aeronáutica brasileira há mais de 30 anos.

São realidades pouco comuns para a grande maioria dos executivos brasileiros, espremidos entre a relativamente pequena autonomia em empresas multinacionais que atuam em nosso país e as organizações semi ou totalmente familiares, onde os inputs da mudança demoram a mostrar seus efeitos. É flagrante o despreparo das cúpulas na maioria das empresas nacionais para lidar com a mudança, quer pela resistência natural que começa na alta administração, quer pela falta de quadros capacitados para tal tarefa.

Nas empresas brasileiras globalizadas, pelo contrário, é pequeno o espaço para resistências: ou a adaptação é rápida e eficaz ou são engolidos na competição com outros emergentes.

É nesse contexto que se insere a obra de Ricardo Coutinho. Não se trata de um manual teórico de um estudante aplicado ou de um consultor pleno de *wishfull thinking*: ainda que traga importantes conceitos e não despreze as bases teóricas, é um depoimento privilegiado de quem foi submetido às duras realidades das mudanças transformadoras, originadas da necessidade imperiosa de desenvolver ou sucumbir.

Suas experiências, didaticamente apresentadas nas fases que caracterizam o processo de mudança organizacional, trazem a clareza das reflexões do profissional maduro, obrigado a tentar e aprender com seus próprios erros e acertos. Não há melhor maneira de iniciar um diálogo sobre tema tão complexo.

Li em algum lugar que as pessoas não resistem às mudanças: resistem a serem mudadas. Teóricos das organizações e consultores muito

PREFÁCIO

bem pagos freqüentemente desconsideram essa verdade tão singela e profunda. O desafio, para todos os que se propõem a se envolver em programas de mudanças, é principalmente este: cativar as pessoas* certas para iniciar um caminho no qual não cabe o conforto da conclusão porque é, antes, um processo.

Uma vez iniciado, o desenvolvimento organizacional trará inevitavelmente um aumento do grau de complexidade nas relações negociais e humanas, demandando mais energia, mais conceitos, mais reflexões e ainda mais, ação. Será exigido criticar, desfazer e reconstruir o que era visto como pacífico, adequado e previsível, ao mesmo tempo em que se implementam as ações. Eventualmente, um caminho escolhido deverá ser repensado já no seu início, trazendo desânimo e desmotivação.

Nesse ponto, Coutinho nos mostra a força das metáforas, dos modelos mentais, das crenças e dos valores, vistos como focos de resistência e, paradoxalmente, de desenvolvimento. Teremos dado os primeiros passos para o processo que não termina, ao serem questionados os princípios que regem o comportamento coletivo. Edgar Schein nos apresentou brilhantemente este paradoxo, ao identificar a cultura de uma organização como instrumento eficaz e indispensável para a adaptação a um mundo incerto e, ao mesmo tempo, fator de resistência e retrocesso quando o ambiente demanda uma nova adaptação.

Poucas coisas podem ser ditas que sabemos com absoluta segurança sobre mudança nas organizações. Uma delas é que o futuro será mais complexo e desafiador do que conhecemos. A outra é que as soluções consideradas adequadas no passado provavelmente não o serão no futuro.

Finalmente, sabemos também que a deterioração dos seres vivos (e das organizações) é inexorável, sendo a eliminação dos fracos e debilitados a última instância. No caso das organizações, empresas bem-

---

* *Recomendo a leitura do artigo* "The real reason people won't change", *de Robert Kegan e Lisa Lehey, na HBR de novembro de 2001.*

sucedidas e longevas têm demonstrado que ainda há possibilidades de sobrevivência para aquelas que incorporam os princípios e processos da mudança permanente.

Esse é o convite que Ricardo Coutinho nos faz: capacitar-nos para que nossas empresas sobrevivam a nós mesmos. O prêmio será a constatação de que pudemos contribuir para combater a inexorável deterioração, através da insatisfação com o obtido, da crença na capacidade adaptativa do ser humano e da coragem de renunciar àquilo que já não agrega.

Boa viagem!

Ulrico Barini
Vice-presidente de Pessoas e Organização da Braskem S.A.

Sumário

Introdução I
Os Quatro Passos Fundamentais –
   A Sintaxe para o Sucesso 9

Capítulo 1:
O Alicerce (A Base para o Futuro) 11
   As PESSOAS em Primeiro Lugar 12
   O Poder dos Princípios e Valores 18
   A Visão da Obra – Criando Foco 23
   A Missão – A Força-Motriz 28
   Fixando o Essencial 30

Capítulo 2:
A Estrutura (O Como) 31
   A Magnitude da Mudança e os Cenários 32
   Os Pilares de Sustentação – Desmistificando a Eficiência 34
   O Pilar PESSOAS 38
   O Pilar Processos 54
   O Pilar Infra-Estrutura 58
   O Pilar Organização 62
   Curto, Médio e Longo Prazos 66
   Fixando o Essencial 69

Capítulo 3:
O Acabamento (Onde) 71
   Descobrindo Projetos de Alta Alavancagem 72
   Os Planos de Ação para a Mudança 75
   O Controle e Reuniões de Trabalho 77
   Reuniões de Trabalho 78
   Fixando o Essencial 81

Capítulo 4:
A Entrega da Obra 83
   Compromisso Sustentado 84
   Prontidão 86
   O Go-Ahead 87
   O Teste de Fogo 88
   As Melhorias (Aceitando que Erros Acontecem) 88
   Fixando o Essencial 90

Conclusão e Comentários 91
   O Fim é, Realmente, Apenas o Começo 92
   Próximos Passos, Novos Patamares de Ação 95

Referências Bibliográficas 99

Introdução

O objetivo principal de escrever esta obra é o de desmistificar o tema MUDANÇAS e de desenvolvê-lo de uma forma mais simples, porém com a amplitude que este merece. A amplitude de Desenvolvimento Organizacional.

O Desenvolvimento Organizacional é uma forma de abordar a mudança. Não é a única, mas é a que faz com que as mudanças sejam duradouras, pois tem seu fundamento no comportamento das pessoas e nas variáveis ambientais.

A estratégia do Desenvolvimento Organizacional baseia-se no máximo aproveitamento do potencial humano e, ao mesmo tempo, na plena utilização dos modelos organizacionais, de forma a permitir a flexibilização e a integração dos objetivos da empresa com os das pessoas. Desta simbiose, resultam maior motivação e eficácia.

Assim, esta abordagem sistêmica valoriza o desenvolvimento do potencial das pessoas; o atendimento das metas pactuadas; o exercício da criatividade e a melhoria no empresariamento do negócio.

Outra intenção desta obra é a de passar ao leitor, seja ele executivo experiente ou iniciante, uma visão sistêmica global de como realizar transformações e mudanças.

Por isso, optei por descrever, de forma macro, os pontos principais para se executar uma transformação sem, no entanto, correr o risco de detalhá-la excessivamente.

Portanto, não é objetivo desta obra detalhar ou se aprofundar nos aspectos da teoria da Administração, pois estes são entendidos como conhecidos ou em processo de conhecimento. Assim, estarei sobrevoando o assunto MUDANÇAS utilizando-me, para isso, do mapa do caminho, que será descrito no próximo capítulo.

Adotei esta estratégia, pois a mudança, na maioria das vezes, é entendida apenas local ou pontualmente, o que faz com que este tema seja considerado teórico, relegado a segundo plano, levando as pessoas a dúvidas do que venha a ser, de fato, a tal mudança, sua magnitude e de como esta influencia a sua empresa, a sua casa e a sua vida.

É importante que as pessoas saibam que o Desenvolvimento Organizacional é de longa duração, não podendo ser considerado um *band-aid* para consertar problemas de performance de curto prazo apenas, mas sim uma forma de resolver problemas complexos.

Há vários anos venho trabalhando com mudanças e neste período tive acesso a um volume enorme de informações, fossem estas provenientes de livros, alguns bons e outros, muito específicos; ou mesmo de outras formas; através de especialistas, treinamentos, vídeos, empresas de consultoria etc.

Nestas oportunidades, verifiquei na maioria dos casos que faltava aos livros e às pessoas uma visão simples, compreensível e integrada sobre o tema, o que dificultava, sobremaneira, a sua aplicação prática no dia a dia. Pois, afinal, a teoria sem aplicação prática não tem muito valor.

A grande dúvida que pairava no ar ao ler assuntos correlatos ou quando recebia informações sobre o tema, versava sobre a essência do assunto a ser difundido e sua aplicabilidade no mundo real.

Temas que pareciam simples se tornavam complexos e enfadonhos, devido ao seu alto nível de detalhes, ou mesmo, impunham certas camisas-de-força, função de uma metodologia de implantação rebuscada que coibia até o mais livre e simples pensar.

Nomes engraçados, temas com anglicanismos, tudo era e ainda é utilizado para acenar às pessoas, e principalmente aos executivos, que é preciso mudar.

A conclusão principal destas constatações foi que as pessoas e as empresas precisam ter uma visão de longo prazo para realizar mudanças, antes de se utilizarem de novas tendências e metodologias. Pois, ao fazerem uso destas sem critério e análise, com certeza, os resultados serão apenas incrementais, quando muito.

E, neste caso, certamente culpar-se-á a metodologia, a técnica ou algum "abnegado" pela falha ou por não atingir o resultado desejado.

Muitos de nós vivenciamos, lemos ou ouvimos sobre os resultados de algumas coqueluches do passado, entre elas: qualidade total, reengenharia, *design to cost*, *downsizing*, *rightsizing*, ISO 9000, implantação de sistemas empresariais (ERPs) e muitas outras. Histórias de insucessos, altos gastos desnecessários, desgaste pessoal e profissional para os envolvidos, demissões e carreiras encurtadas.

Então, significa que estas metodologias ou ferramentas são ruins, ou que não devemos realizar mudanças?

Não, tudo isso quer dizer que os percalços que algumas empresas ou pessoas sofreram ocorreram por falta de uma visão futura motivadora, porque não houve o envolvimento das PESSOAS certas e nem a consideração do modelo cultural vigente.

Mas, lembre-se, existiram e existirão casos de sucessos, o que quer dizer que estas iniciativas podem ser eficazes se forem aplicadas com coerência e sabedoria.

Com certeza, não seria difícil listar uma série de pontos que levaram algumas empresas a não obterem o resultado desejado.

John Kotter, em seu livro *Liderando Mudanças*, enumera vários deles. Entre eles podemos citar: complacência excessiva, falta de coalizão administrativa forte, subestimação do poder da visão, comunicação falha etc.

Destes, podemos afirmar que subestimar o poder da visão é um dos mais graves, pois, uma visão sensata é o que conduz, alinha e inspira as ações de um grande número de pessoas.

Se você não sabe para onde está indo, qualquer lugar é lugar...

Outro ingrediente essencial para a mudança é a visão sistêmica, a visão do todo. É preciso primeiro buscar a visão da floresta para depois enxergar as árvores, os galhos, as folhas etc. Desta forma, será possível a identificação dos benefícios e dos riscos provenientes desta ação.

Por isso, optei por conceber este livro de forma que todos obtenham a visão do todo em face ao detalhe. Assim, os capítulos foram concebidos para criar esta contextualização.

Ainda sobre a visão sistêmica, lembro-me de uma metáfora que chegou a mim via *e-mail*, de autor desconhecido, que reforça esta questão:

"A Ratoeira"

"Um rato olhando pelo buraco vê o fazendeiro e sua esposa abrindo um pacote. Ficou aterrorizado quando descobriu que era

uma ratoeira. Foi para o pátio da fazenda advertindo a todos: 'Tem uma ratoeira na casa.' A galinha, levantou a cabeça e disse: 'E um grande problema mas não me prejudica em nada', O porco disse: 'Não há nada que eu possa fazer, a não ser rezar'. A vaca pensou e disse: 'Uma ratoeira? Por acaso estou em perigo? Acho que não!'

O rato voltou para a casa, cabisbaixo e abatido...

Naquela noite ouviu-se um barulho. A mulher do fazendeiro correu para ver. No escuro, ela não viu que a ratoeira pegou a cauda de uma cobra. A cobra picou a mulher. O fazendeiro a levou para o hospital e ela voltou com febre. Para alimentar alguém com febre, o melhor é uma canja. O fazendeiro pegou seu cutelo e foi providenciar o ingrediente principal. A visita dos amigos era freqüente. Para alimentá-los o fazendeiro matou o porco. A mulher não melhorou e morreu. Muitos vieram para o funeral, o fazendeiro então sacrificou a vaca para alimentar todo aquele povo."

Na próxima vez que você ouvir dizer que alguém está diante de um problema e acreditar que o problema não lhe diz respeito, lembre-se: ELE É DE TODOS NÓS...

É, acho que faltou visão sistêmica...

Além de exemplificar a visão sistêmica, esta metáfora representa, também, o individualismo do mundo atual. Este individualismo, que não podemos confundir com individualidade, faz com que as pessoas se afastem cada vez mais da ação de cooperação e da ajuda mutua.

Outra questão importante para se introduzir é o que chamo de "fazer o BÁSICO, ser SIMPLES". Muitas vezes, pegamo-nos discutindo muitos detalhes, discutindo para atingir o ótimo, querendo acertar na mosca e não no alvo. Tal situação pode nos induzir a certas sofisticações que fazem com que percamos o foco e a simplicidade das coisas. Às vezes, não fazemos nem o básico e queremos atingir o ótimo num piscar de olhos.

Para se alcançar um objetivo, uma visão, **fazendo o básico**, é preciso seguir **algumas etapas**: planejamento, preparação e ação. Não existe caminho fácil. E não adianta usarmos de caminhos tortos ou outras ações para **desviar-se** e não passarmos por essa ou aquela etapa. É preciso mesmo cumprirmos cada passo anterior, se quisermos atingir o sucesso duradouro.

Assim é na empresa, no departamento, na família ou na vida. É muito difícil numa empresa com pouca estruturação, com uma organização inadequada, com padrões e procedimentos incipientes, que seus resultados sejam razoáveis, e muito menos, de classe mundial. Para esta empresa começar a ter resultados melhores, uma série de ações e etapas deverão ser realizadas para se obterem os primeiros resultados positivos. Há, de certa forma, uma sintaxe para se atingir o sucesso.

É preciso entender que a MUDANÇA é um PROCESSO, e é por isso que O FIM É APENAS O COMEÇO... Não se modifica o resultado de patamares inferiores para superiores em uma só tacada, da noite para o dia. É preciso sim, tempo, persistência, diligência, foco e muita vontade.

A mudança deve ser planejada, estruturada e gerenciada, para acontecer de forma completa e com eficácia.

Ao longo deste livro, estarei demonstrando como fazê-la.

Os próximos capítulos detalham as etapas e os fundamentos básicos para sermos bem-sucedidos em nossas iniciativas de mudanças e para obtermos os resultados desejados.

Para tanto, esta obra está estruturada em quatro passos fundamentais que facilitam o seu entendimento e é a sintaxe adotada para se obter o sucesso nas transformações:

Introdução

O Capítulo 1 descreve as ações que irão alicerçar as mudanças, e por isso denomino de "O Alicerce (A Base para o Futuro)": As pessoas, os princípios, a visão e a missão.

E por que se trata do alicerce? Porque se conseguirmos entender as pessoas dentro do processo de mudança, seus pontos fortes e fracos, se construirmos uma visão e uma missão realmente motivadora e envolvente e se soubermos o que vale e o que não vale, ou seja, os valores deste ambiente, o alicerce desta obra estará firmemente construído.

O Capítulo 2 descreve como devemos conduzir nossas ações para levar a cabo as atividades que serão desenvolvidas para o atendimento da visão desejada. Ou seja, quais as ações essenciais que precisarão ser consideradas para elaborarmos uma estratégia vencedora através dos pilares de sustentação (Pessoas, Processos, Infra-estrutura e Organização), e que contemplem o curto, médio e longo prazos.

E por se tratar de uma estruturação chamei-o de "A Estrutura (O Como)". Como se estivéssemos construindo paredes, pilares e vigas de uma casa.

O Capítulo 3 descreve uma estratégia para atacar sempre o mais importante primeiro, isto é, prioriza as iniciativas com alto impacto positivo nos resultados.

Descreve, também, uma forma de criar os planos de ação para gerenciar e controlar as mudanças necessárias. Chamei-o de "O Acabamento (Onde)". Como se estivéssemos passando a massa corrida, pintando e cuidando dos detalhes finais da obra.

O Capítulo 4 descreve os aspectos fundamentais da entrada em operação ou a finalização dos projetos.

Neste, enfoco aspectos sobre operacionalização das ações e a ocorrência de desvios e a necessidade de melhorias. Assim, chamei-o de "A Entrega da Obra". Como se estivéssemos mudando e utilizando-se da nova obra.

E, por fim, concluo com a descrição dos aspectos mais relevantes para a continuidade na execução da mudança e que, na realidade, "o fim é, realmente, apenas o começo". A inação na realização de mudanças e melhorias pode levar uma empresa a estagnar e até a sucumbir...

Espero que seja uma boa leitura e sirva na vida prática!

São José dos Campos, 01, Junho, 2003

Ricardo Coutinho

Os Quatro Passos Fundamentais
A Sintaxe para o Sucesso

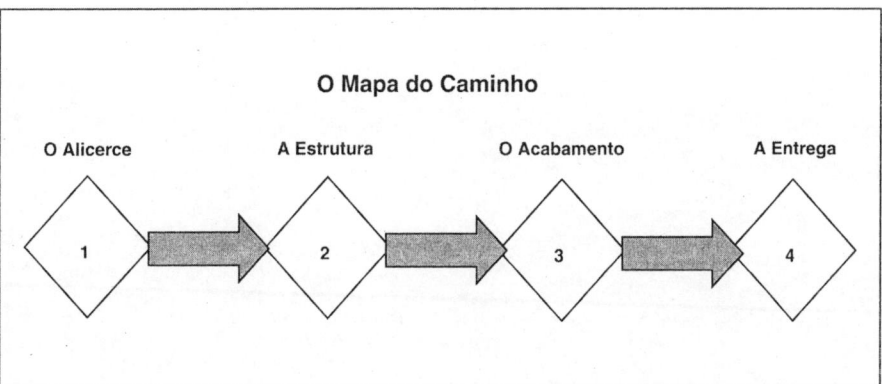

O Mapa do Caminho, representado por quatro passos fundamentais, é, na verdade, a espinha dorsal desta nova forma de abordar a mudança.

A grande dificuldade que empresas, executivos e consultores têm ao querer executar uma transformação é não possuir um mapa, uma rodovia pavimentada que os guie ao longo desta jornada. Este mapa se propõe a orientá-los para tal.

Sem esta sintaxe de ações, certamente seria muito difícil atingir as transformações desejadas.

Capítulo I
▼
O Alicerce
(A Base para o Futuro)

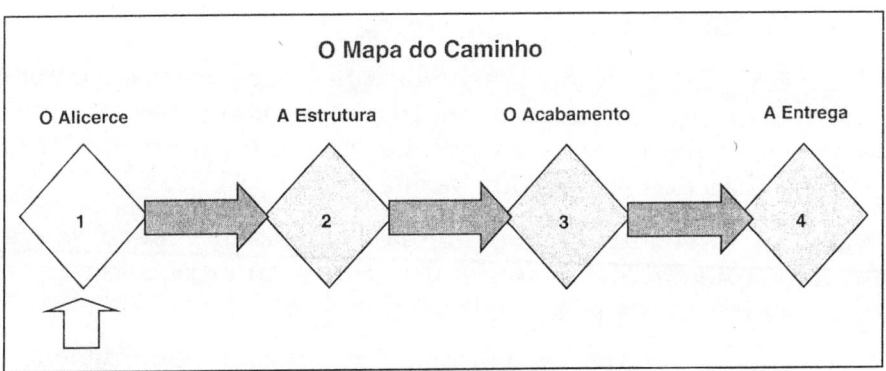

Passo I

Este capítulo trata da criação dos fundamentos para o futuro. E por que o chamo assim? Porque para alcançar os resultados desejados é preciso alicerçá-los em bases sólidas, quais sejam:

- As PESSOAS que estarão envolvidas no processo de mudança;
- Os princípios virtuosos que fazem com que as empresas sejam bem-sucedidas;
- A visão e a missão da obra, indicando o caminho a seguir.

> *"Eis que o semeador saiu a semear; e aconteceu que, quando semeava, uma parte da semente caiu à beira do caminho, e vieram as aves e a comeram. Outra caiu no solo pedregoso, onde não havia muita terra: e logo nasceu, porque não tinha terra profunda; mas, saindo o sol, queimou-se; e, porque não tinha raiz, secou-se. E outra caiu entre espinhos; e cresceram os espinhos, e a sufocaram; e não deu fruto. Mas outras caíram em boa terra e, vingando e crescendo, davam fruto; e um grão produzia trinta, outro sessenta, e outro cem. E disse-lhes: Quem tem ouvidos para ouvir, ouça."*
>
> Evangelho de Jesus Cristo segundo Marcos, Cap. 4, 3-9

As PESSOAS em Primeiro Lugar...

As PESSOAS são e sempre serão os senhores da ação!

Iludimo-nos quando pensamos que é possível fazer transformação e mudanças sem um firme propósito de entender as pessoas que estarão envolvidas direta ou indiretamente na obtenção dos resultados desejados.

Esta é talvez uma das principais causas de insucesso em projetos que envolvem transformação. É um grave erro que deve ser evitado a todo custo. E por quê?

Porque as pessoas são aquelas que fazem e acontecem e devem estar em primeiro lugar.

No próximo capítulo, estarei também abordando este tema, o que chamo de pilar pessoas, mas seria impossível falar de alicerce sem, no entanto, falarmos naqueles que serão os condutores da mudança e das melhorias.

> *"O Ser Humano é a origem e o fim de todas as ações na sociedade, e seu trabalho, o meio primordial de sobrevivência, crescimento e perpetuidade da Espécie."*[1]

---
[1] Norberto Odebrecht – *Tecnologia Empresarial Odebrecht.*

Capítulo I – O Alicerce (A Base para o Futuro)

"Uma mudança cultural sustentável nas organizações só ocorre quando os indivíduos... mudam-se de dentro para fora."[2]

De fato, quando falamos em comportamento das pessoas, estamos falando de suas ações e realizações. É preciso considerar a dimensão humana como base para a mudança.

Isto quer dizer que se deve fazer um diagnóstico profundo, conhecendo as pessoas da empresa, suas necessidades, a cultura vigente, os pontos fortes e fracos, de forma a potencializar os pontos fortes e mitigar os pontos fracos e, sobretudo, ter uma noção da complementaridade deste time.

Quando a dimensão humana é reconhecida e reforçada, o time de projeto torna-se muito mais cooperativo e unido. Podem ocorrer divergências, mas estas serão tratadas com muito mais maturidade. A comunicação passa a ser clara, verdadeira, objetiva e principalmente compreendida dentro do time. Esta consciência traz, também, novas formas de instigar as pessoas a buscarem motivação e vontade.

Neste sentido, gostaria de fazer menção à Seleção Brasileira, que nos trouxe a alegria do pentacampeonato. Gostaria de trazer para discussão apenas dois pontos ou estratégias que, a meu ver, fizeram a diferença.

A primeira, "a família Scollari" e a segunda "a questão de matar ou morrer", que o Scollari usava com os jogadores. Aliás, neste último, acho eu que inspirado no livro de Sun Tzu[3], que à época ele estava lendo.

Quando o Scollari se utilizou destas duas estratégias instigadoras, ele criou o verdadeiro time de alta *performance*. De um lado, ele potencializou a união, o bom relacionamento, a figura da família, pai, filhos e irmãos, porém com autoridade e sem paternalismo.

---

[2] Stephen Covey – *Liderança Baseada em Princípios*.
[3] Sun Tzu – *A Arte da Guerra*.

E, de outro, gerou motivação aos jogadores, criando energia para fazer com que o time não morresse; neste caso, a morte seria a volta no dia seguinte após uma derrota.

São *insights*[4] como estes que fazem as pessoas romperem barreiras e se superarem.

Porém, não podemos nos esquecer de que as pessoas têm dificuldades em aceitar as mudanças. Sejam elas quais forem, para melhor ou para pior. E por que isso ocorre?

Ocorre por vários motivos. Por que as mudanças trazem no seu bojo o novo, o desconhecido. Mexendo com a situação vigente e fazendo com que a maioria das pessoas tenham de sair da "zona de conforto" e tenham, necessariamente, de agir.

Mais à frente, no pilar *pessoas*, estarei exemplificando que nossas ações e resultados estão relacionados com a forma como vemos o mundo e com a forma como nosso aprendizado foi realizado.

Mas, é importante relacionarmos alguns padrões de conduta que encontramos no mundo real que reforçam estas dificuldades. Minha experiência com mudança me ensinou a constatar alguns deles:

- Fingir dançar conforme a música, mas depois não atuar e não se envolver;
- Ser contra em público para sinalizar que não estará se envolvendo e as pessoas ficarem com medo;
- Testar se há, de fato, algum patrocinador para o projeto e se ele é representativo na empresa;
- Criar ambiente de onda negativa, mostrando que isso não deu certo em outros lugares;

---

[4] *Insights*, do inglês: idéias luminosas, estalos.

- Trabalhar nos bastidores para mostrar que sabe mais que o time do projeto;
- Fingir não compreender o projeto e que falta informação;
- Focar só nas dificuldades para mostrar que a mudança é difícil, senão impossível;
- Esconder-se e fingir-se de morto, esperando o projeto auto-esvair-se.
- Etc. etc. etc.

Estes padrões quase sempre estão presentes em projetos de transformações que exigem a quebra de paradigmas. Nos projetos em que temos mudanças incrementais, estes padrões são quase inexistentes, pois não mexem com o *status quo*.

Entender e ter consciência de que faz parte das pessoas a dificuldade em aceitar as mudanças é também de fundamental importância. A atitude "faça o que eu mando" não funciona nas organizações que querem aprender.

Diversos projetos de mudanças não foram bem-sucedidos devido à não-consideração destes padrões ou até mesmo achando-se que era possível levar avante a mudança verdadeira desconsiderando-se as pessoas.

Mas, então, como vencer esta situação? Se as pessoas são ao mesmo tempo responsáveis pela ação e a causa de dificuldades, como resolver este dilema?

Esta questão pode ser entendida de uma forma mais profunda, sob a ótica da cultura organizacional e dos modelos mentais[5] das pessoas como razões para a situação de dificuldade ou de adesão ao processo de transformação, e, por concordar muito com este enfoque, vou detalhá-lo um pouco mais no próximo capítulo.

---

[5] Segundo Peter Senge, modelos mentais são idéias arraigadas, generalizações, ou mesmo imagens que influenciam nosso modo de encarar o mundo e nossas atitudes.

Neste momento, o que considero importante conscientizar é que, ao se concluir uma linha de ação sobre os aspectos humanos envolvidos no ambiente, pode-se diagnosticar a situação vigente e fazer um trabalho de alinhamento e de rompimento com alguns padrões que tendem a dificultar o desenvolvimento de um projeto. Estes padrões podem ser individuais (pessoas da empresa e parceiros) ou coletivos (da empresa ou da sociedade).

No caso de padrões individuais, levar as pessoas a buscarem o autoconhecimento, o domínio pessoal e o entendimento da necessidade da mudança diante do ambiente em que se encontra a empresa, certamente ajudará, melhorando a forma de ver as coisas, enxergando a mudança na magnitude desejável, também como uma oportunidade, e não somente como uma ameaça ou um risco.

Engana-se quem pensa que as pessoas resistem ou apóiam a mudança apenas por aspectos materiais. Existem razões muito poderosas que podem estar regendo este fato, mais ligadas ao autoconhecimento.

O tema do autoconhecimento vem sendo hoje em dia uma forte componente de auxílio à melhoria dos resultados, sejam eles no âmbito pessoal ou empresarial. Tal fato tem gerado a edição de diversos *best sellers* sobre o assunto.

As citações a seguir, reforçam fortemente a importância da busca do autoconhecimento, que é uma questão recorrente e de caráter filosófico profundo:

"*Conhece-te a ti mesmo.*"

"*Quanto mais o homem conhece a realidade e o mundo, tanto mais se conhece a si mesmo na sua unicidade, ao mesmo tempo em que nele se torna cada vez mais premente a questão do sentido das coisas e da sua própria existência.*"[6]

---

[6] Sumo Pontífice João Paulo II – *Encíclica Fé e Razão*.

"Autoconhecimento".

"Quando a atenção encontra algum foco significativo, uma meta importante, aproxima-se mais da criação de saúde. Um objetivo dá às pessoas alguma justificativa para suas vidas – um projeto, uma profissão, uma família – e o corpo responde com vitalidade. Porém, o estado mais alto de atenção vai além dos objetivos. A consciência é, então, equilibrada, vital e abrangente. Notamos que estas pessoas são calmas... Transmitem sabedoria. É o verdadeiro alicerce da criação de saúde. Chama-se autoconhecimento."[7]

Já no caso de padrões coletivos, em se tratando de empresas, é importante fazer um trabalho em que se busquem, através de discussões em grupo, formas de diminuição de utilização de padrões entendidos como negativos e que dificultariam o processo de transformação. Por exemplo, empresas que são muito críticas e restritivas a erros certamente terão maior dificuldade em levar avante ações de melhorias, visto que as pessoas ficariam temerárias em buscar a mudança, pois poderiam errar e serem punidas por isso. Este modelo gera o medo de ser proativo, o medo de ser o senhor da ação.

Um bom exemplo em trabalhar com eficácia os padrões coletivos é o das lojas *Magazine Luiza*. Este trabalho liderado pela própria Luiza, fazendo com que os funcionários participem efetivamente das transformações, tem feito dessa empresa um dos melhores lugares para se trabalhar.

O *Magazine Luiza* foi indicado mais uma vez como a terceira melhor empresa do Brasil para se trabalhar, segundo o ranking divulgado no *Guia Exame* "As 100 Melhores Empresas para Você Trabalhar", publicado pelas revistas *Exame* e *Você S/A* em 2002.

---

[7] Dr. Deepak Chopra – *Conexão Saúde*.

"A maior preocupação do Magazine Luiza é com o cliente, pois eles sabem que só uma pessoa que gosta do que faz e está satisfeita no trabalho pode atender o consumidor de forma eficaz e completa.

O Magazine Luiza desenvolve programas como o plano de carreira, que é gerenciado pelos próprios funcionários; destacando-se ainda o salário atrelado à produtividade da loja e das metas pessoais; a comunicação olho no olho, com o fim das circulares e criação de uma linha direta de comunicação entre qualquer funcionário e a direção da rede; o "Encontro Anual de Funcionários", para integração e confraternização entre todos; o desenvolvimento da equipe com programas de educação e treinamento; apoio às funcionárias com filhos menores; recursos para construção e compra de casa própria; bolsas de estudos e apoio à área social.

Essas ações de valorização acontecem porque o Magazine Luiza enxerga as pessoas como a força e a vitalidade da empresa."[8]

Uma outra forma de gerar alinhamento e romper padrões profundamente arraigados é utilizando o poder dos próximos pontos que estaremos detalhando a seguir. Através dos princípios, da visão e da missão, instrumentos poderosos de alinhamento e compreensão.

O Poder dos Princípios e Valores

"Dê um peixe a um homem e o estará alimentando por um dia; ensine-o a pescar e o estará alimentando por toda a vida."[9]

A questão dos princípios é de fundamental importância no suporte, na facilitação, na consecução das mudanças e na criação de caminhos a seguir.

---
[8] Adaptado da *Revista Você S/A* – As melhores empresas para se trabalhar 2002.
[9] Stephen R. Covey – *Liderança Baseada em Princípios*.

Segundo Covey, os princípios são leis eternas. Estas leis ou princípios básicos são quase sempre indiscutíveis, tais como justiça, eqüidade, integridade, honestidade, confiança, verdade, ética, fé etc. Tenho a certeza de que todos concordam com estes princípios. Mas, no entanto, o histórico que temos quanto à sua utilização não é dos melhores.

Na maioria das vezes, os valores e as práticas organizacionais utilizados dentro das empresas nem sempre estão alinhados aos princípios virtuosos citados.

Aqui é importante fazermos uma distinção muito clara entre princípios e valores. Os princípios transcendem a situação vigente. Estão fora do ambiente e são leis naturais, são virtuosos. Porém, os valores são os mapas ou modelos mentais. Estes, em última análise, são a soma ou a resultante dos modelos mentais individuais.

Mas, o que é importante percebermos com esta constatação é que, entendendo esse fato, facilita entendermos certos padrões de comportamento dentro das empresas: o que vale e o que não vale neste ambiente, nesta família.

Estes valores podem estar escritos ou não, serem bons ou não, serem praticados em toda a sua extensão ou não, podem ser hábitos efetivamente absorvidos pelas pessoas, e, por isso, fazem grande diferença nos resultados atuais e futuros.

Outro fato importante de ser observado é que estes valores moldam a ação das pessoas dentro da organização e formam a base de referência para elas recorrerem nos momentos de dúvida neste ambiente.

A história tem demonstrado, de forma recorrente, bons exemplos de empresas que possuíam princípios e valores virtuosos arraigados na sua cultura e, por isso, sobreviveram às descontinuidades encontradas ao longo do tempo.

Este tema tem suscitado várias análises e estudos por parte de pensadores e escritores no sentido de buscar as razões pelas quais algumas empresas conseguem sobreviver ao tempo e, simultaneamente, serem brilhantes em suas realizações.

A principal pergunta que se queria responder era o que tornou algumas empresas verdadeiramente excepcionais e duradouras, diferentes das outras empresas, e quais eram os princípios ou modelos de gestão que as distinguiam.

Esses estudos obtiveram conclusões importantes, quebrando paradigmas da teoria da administração que até então tínhamos como dogmas, como, por exemplo, que grandes empresas possuíam líderes carismáticos, que uma grande empresa se começa com uma idéia brilhante etc.

Além de todas estas contribuições, trouxeram também a questão dos princípios e valores como uma das filosofias organizacionais e como uma das grandes fontes de geração de resultados positivos e de perenização das empresas.

E aqui não quero me prender de forma rígida a apenas uma lista de princípios escrita em uma folha, item que considero fundamental, mas me refiro também a todas as coisas que geram nas pessoas esta idéia de valor, de filosofias, de padrão e de caminhos virtuosos a seguir.

De forma resumida, podemos dizer que algumas práticas comuns de empresas bem-sucedidas foram:[10]

- Capacidade em criar, comunicar e difundir a visão e a missão da empresa;
- Capacidade em criar e difundir uma cultura forte;
- Capacidade em praticar princípios virtuosos e leis eternas;
- Capacidade em formar líderes em todos os níveis da empresa;

---

[10] Seminário de Planejamento e Gestão Estratégica, abril de 2000, César Souza.

- Capacidade em formar redes de relacionamento de alto nível.

A existência destas práticas permite que empresas sejam construídas ao redor delas e não fiquem dependentes de poucas pessoas ou de um único líder.

> "A criação mais importante de Bill Hewlett e Dave Packard não foi o audioosciloscópio nem a calculadora portátil. Foi a empresa Hewlett-Packard e a sua filosofia."[11]

No Brasil, certamente podemos encontrar vários exemplos de práticas do bom uso de filosofias empresariais. Dois deles dignos de nota são: a Odebrecht e a Embraer.

No caso da Odebrecht, esta desenvolveu sua tecnologia empresarial a partir das experiências e estudos realizados ao longo de sua existência. Desde 1945 vem criando e difundindo suas concepções filosóficas, bem como a ética e a moral em que se fundamenta.

Nesta tecnologia empresarial, resumida em 3 volumes, estão expressas as concepções filosóficas e os critérios para a sua prática.

São abordados os mais variados temas como Ser Humano, comunicação, sinergia, descentralização, delegação planejada, tarefa empresarial, critérios gerais e operacionais e orientações para gerar os planos e programas de ação, entre outros.

A Organização Odebrecht se insere dentro deste seleto grupo de empresas que utilizam práticas bem-sucedidas de empresas visionárias.

A genialidade de Norberto Odebrecht, por exemplo, foi utilizar os Planos de Ação como instrumento para transfor-

---

[11] James C. Collins e Jerry I. Porras – *Feitas para Durar*.

mar princípios filosóficos em tecnologia empresarial e vantagem competitiva.[12]

No caso da Embraer, após sua privatização, ela desenvolveu e realizou uma série estruturada de ações que a conduziram ao sucesso que hoje estamos acompanhando.

Estas ações também foram suportadas por pilares empresariais que a ajudaram neste período de reestruturação pela qual passou. Seu foco na satisfação dos clientes, descentralizações das ações, planejamento, delegação planejada, parceria e retorno aos acionistas foram filosofias empresariais que permearam toda a empresa durante todo o período de pós-privatização e continuam até hoje.

Essas filosofias foram disseminadas e praticadas através de um instrumento poderoso que foi o plano e o programa de ação responsável também por desdobrar todo o planejamento da empresa até os níveis de operação. Este instrumento criou a oportunidade de cada um gerir o seu micronegócio com maior amplitude, com foco nas pessoas e nas metas estratégicas e desafiadoras.

E o que significa gerir o micronegócio? Significa, similarmente à Odebrecht, que na Embraer cada líder empresarial possui um plano de ação com a definição de seu negócio e suas metas atrelado a um negócio maior, que é a empresa.

Assim, um negócio pode ser a implantação de um projeto de transformação da organização. Este projeto pode possuir subprojetos, como, por exemplo, o desenvolvimento de pessoas. Este projeto terá um orçamento, um time, um responsável e metas desejadas ao longo de seu desenvolvimento.

Atrelado a estas metas estará todo o sistema de participação nos lucros e resultados (PLR). Aliás, a Embraer é uma das empresas do Brasil que pratica um dos mais agressivos planos de participação nos lucros e resultados.

---

[12] Seminário de Planejamento e Gestão Estratégica, abril de 2000, César Souza.

Uma das qualidades mais importantes que você pode desenvolver como pessoa para o sucesso duradouro é o hábito de gerenciar o seu plano de ação, sua visão e suas metas.

É muito gratificante saber que empresas nacionais praticam há tantos anos tais filosofias e fundamentos. E, sem dúvida, estes são os alicerces para os resultados significativos até então obtidos por elas.

Portanto, a existência de uma filosofia empresarial, com seus princípios e valores difundidos, praticados e atualizados na medida em que as empresas evoluem, possibilita um alinhamento com os resultados desejados e, por isso, possuem uma forte ligação com a visão e a missão, temas que estarão sendo abordados a seguir.

A Visão da Obra[13] – Criando Foco

"A visão não é a missão; a missão é um propósito. Uma visão é a direção. A estratégia estrutura o grande caminho pelo qual a missão e a visão serão alcançadas."[14]

Quando pensamos em visão, a primeira coisa que nos vem à mente é aquela frase escrita, normalmente colada em algumas paredes das salas da empresa, que muita gente vê e às vezes até lê, mas não sabe de onde veio, como foi feita, quem participou e qual o significado da maioria dos pontos ali colocados.

Quer dizer que não precisamos fazer e nem comunicar a Visão?

Não, é fundamental que ela exista! Mas é importante que todos, sem exceção, saibam o que está contido nela e que,

---

[13] A Visão da Obra é entendida aqui como a visão de um projeto, da empresa etc.
[14] *The IdeaBridge Creating a Compelling Vision.*

de preferência, tenham participado de sua elaboração ou contribuído de alguma forma para elaborá-la.

A visão é, na verdade, um grande alvo. E este alvo gera o foco a ser perseguido.

Figura 1: Qual o seu alvo?

Quando chamo de visão da obra, refiro-me exatamente ao resultado final que se busca, de preferência com contornos e detalhes bem definidos. Estamos acostumados a ver a descrição de visões muito genéricas e abertas que dão margem a todo tipo de devaneios.

Muitas vezes é aconselhável desmembrar e detalhar a visão em partes menores de forma a se especificar claramente as metas desejadas do que deixá-la extremamente genérica e de pouco entendimento.

Deve-se, também, tomar cuidado com visões que contenham dados como ser excelente em qualidade e ter a maior margem no seu setor de atuação, por exemplo. Estas são frases um tanto "pasteurizadas" que tendem a gerar confusão no seu entendimento, tornando as empresas em quase *commodities* ao invés de criarem um sonho verdadeiro e desafiador.

Capítulo I – O Alicerce (A Base para o Futuro)

"A visão refere-se a um quadro futuro com comentários implícitos ou explícitos sobre a razão pela qual as pessoas DEVEM LUTAR para criar esse FUTURO."[15]

Uma boa visão tem de possuir certos ingredientes para ser poderosa e guiar a empresa para o sucesso. Entre estes ingredientes, os mais reconhecidos são:[14]

- Determina padrões de excelência que refletem grandes idéias e forte senso de integridade;
- É persuasiva e possui credibilidade;
- Inspira entusiasmo e encoraja o comprometimento;
- É bem articulada e de fácil entendimento;
- Adapta-se à sua cultura e a seus princípios virtuosos.

Lembro-me de uma passagem em um seminário, em que se discutia a visão criada por um grupo de executivos experientes. Eles criaram uma visão bastante robusta com vários dos ingredientes acima. Os resultados divididos por dimensões estavam muito claros. Sabia-se nitidamente onde se queria chegar, sem que isso, porém, parecesse um decreto autoritário.

Quando esta visão estava sendo apresentada para um grupo distinto de pessoas, muitos dos quais certamente haviam participado pouco da sua concepção, ocorreu uma situação interessante: um dos presentes, após a apresentação, levantou-se e, em tom enfático e nervoso, disse:

> *"Eu não concordo com esta visão aí colocada. Para mim, visão tem de ser de longo prazo, vários anos e até décadas à frente. Vejo a visão como aquela colocada pelo John Kennedy para o homem chegar à lua ou o famoso discurso de Martin Luter King em Eu tenho um sonho..."*

---
[15] John Kotter – *Liderando Mudanças*.

Após esta colocação, um dos executivos experientes levantou e disse:

> "Não tem problema nenhum você discordar, estamos abertos a discutir a questão e adequá-la se for necessário. Antes, porém, gostaria de expor as razões que nos levaram a conceber esta visão com este alcance relativamente curto".

Falava-se à época em 3 a 4 anos.

Neste momento, o executivo sênior expôs que, em face da necessidade de alinhamento e em função da falta de foco em que a empresa se encontrava, era imprescindível que se buscassem objetivos de médio prazo para depois se buscarem os de longo prazo.

No final, a visão foi mantida e, detalhe, a história mostrou que ela foi atendida e até excedida em alguns pontos. Naquele momento, esta empresa precisava de uma visão específica, tal era a falta de foco em que se encontrava.

Tal exemplo demonstra que, às vezes, é necessário utilizar-se de alguns artifícios, para se criar uma visão motivadora e que traga as pessoas a bordo de forma a buscar estes resultados. As pessoas gostam de saber para onde estão indo. Muita generalização ao conceber uma visão pode gerar a perda do norte e do foco tão desejado.

Na realidade, quando falamos em mudança e transformação, temos de considerar que certamente deva existir uma visão da empresa. Se esta visão não estiver clara, precisaremos clareá-la, pois dela emanar-se-ão diretrizes e estratégias que orientarão as metas inferiores. Deve-se cuidar para que haja um profundo alinhamento entre a visão da empresa e seus resultados desejados.

Por exemplo, com qual das situações abaixo você se sentiria mais confortável e MOTIVADO:

Capítulo I – O Alicerce (A Base para o Futuro)

> *"Três grupos de dez pessoas estão em um parque na hora do almoço e uma tempestade está prestes a desabar. No primeiro grupo, alguém diz: 'Levantem-se e sigam-me' Quando ele começa a caminhar e apenas algumas pessoas o acompanham, ele grita para os que continuaram sentados: 'Levantem-se, eu disse, AGORA!'. No segundo grupo, alguém fala: 'Temos que nos mexer. Este é o plano: levantarmos um de cada vez e caminharmos em direção à árvore. Por favor, mantenham uma distância de, pelo menos, meio metro dos outros membros do grupo e não corram. Não deixem objetos pessoais no chão e parem ao pé da árvore. Quando todos estivermos lá ...' No terceiro grupo, alguém diz aos outros: 'Vai chover daqui a pouco. Por que não vamos até ali e nos sentamos embaixo daquela grande macieira? Ficaremos secos e poderemos comer maçãs fresquinhas no almoço.'"*[16]

Eu escolheria, sem dúvida nenhuma, a do terceiro grupo. Foi uma visão simples, específica, inspiradora e, sobretudo não foi autoritária e nem microgerenciada como as anteriores.

As transformações e mudanças, sejam elas grandes ou pequenas, precisam de uma visão inspiradora, mensurável e clara. Muitas vezes, projetos de transformações se perdem ao longo de seu desenvolvimento por não haver uma visão clara do que se buscava. A visão é um forte instrumento para vencer a resistência dos envolvidos.

> *"Tenha uma meta. Uma meta é apenas um sonho com um deadline."*[17]

Portanto, quando buscamos rompimento e melhores resultados, é imprescindível que estabeleçamos a visão da obra, que saibamos onde queremos chegar com tal mudança, quais são os ganhos tangíveis e intangíveis da mesma.

---

[16] John Kotter – *Liderando Mudanças*.
[17] Marjorie Blanchard – escritora.

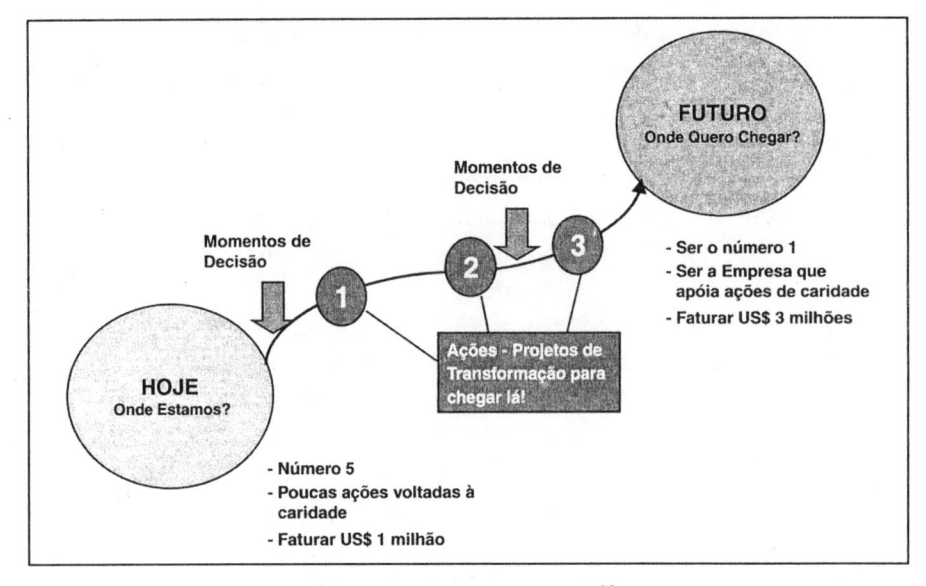

Figura 2: Hoje e o futuro.[18]

A Missão – A Força-Motriz

A palavra missão começou a ser adotada através do trabalho dos missionários cristãos, pessoas diligentes, abnegadas e voluntariosas, ou seja, com um forte senso de busca por um ideal.

Uma das forças que faziam com que eles continuassem a luta da evangelização era o lema (missão) utilizado: "Evangelizar, mesmo que para isso tenhamos que dar a própria vida". Esta missão, certamente, nos momentos difíceis os ajudava a vencer os obstáculos que apareciam: as doenças, o cansaço, a descrença das pessoas e tudo o mais que vinha pela frente.

---

[18] Figura adaptada de Silvana de Aguiar – *Antar: Processos de Transformação*.

Capítulo I – O Alicerce (A Base para o Futuro)

Hoje, verificamos que o resultado alcançado foi digno da missão que eles adotaram.

Apesar de alguns terem, de fato, perdido suas vidas pela causa da evangelização.

A missão de uma empresa, de um projeto ou de um time é parte fundamental da filosofia organizacional, pois esta é, a meu ver, aquela que dá o ritmo para a ação.

Sempre que penso em missão, a primeira coisa que me vem à mente é: Qual a razão de existir desta empresa, deste projeto, deste time etc.?

Outra relação que gosto de fazer é a ligação da missão com o negócio. Ao respondermos qual é o nosso negócio estaremos quase respondendo a missão. Às vezes parece uma pergunta simples e trivial, mas não é. Muitas vezes respondemos esta questão pensando em uma função específica ou mesmo com foco naquilo que mais nos agrada. Este exercício é muito enriquecedor.

A criação da missão, seja individual ou de um grupo é tarefa fundamental para se tomar a liderança de sua vida ou de uma empresa ou grupo de pessoas.

Assim, entendo que a visão e a missão caminham juntas: a primeira cria o sonho, instiga e motiva, e a segunda pode ser considerada a força-motriz para se atingir o sonho.

No caso dos missionários, por exemplo, a visão poderia ser "um mundo cristão" e a missão "Evangelizar mesmo que para isso tenhamos que dar a própria vida".

Em projetos de transformação, criar a missão é essencial e é também uma forma de criar uma referência e gerar alinhamento. Certamente, nos momentos de dúvida, ela servirá como fonte de apoio e esclarecimento.

Fixando o Essencial

- Quem faz são as PESSOAS. Tudo o mais é suporte, meio para se permitir a realização;

- As PESSOAS envolvidas direta ou indiretamente nas mudanças devem ser analisadas e entendidas;

- As PESSOAS devem buscar e possuir o espírito de equipe e formar equipes de alta *performance*;

- As PESSOAS precisam buscar o autoconhecimento;

- Princípios e valores são práticas que fortalecem a cultura e o alinhamento;

- Princípios e valores arraigados na empresa são características de empresas bem-sucedidas e visionárias e ajudam, sobremaneira, a perpetuação da mesma;

- A existência de uma visão clara para onde a empresa deve ir e de metas e resultados desejados alinhados com esta visão são imprescindíveis;

- A visão é a mãe do foco e das estratégias;

- Se você não sabe para onde está indo qualquer lugar é lugar;

- A missão é a razão do existir;

- A missão é a força-motriz para se atingir o sonho.

CAPÍTULO 2
▼
A Estrutura
(O Como)

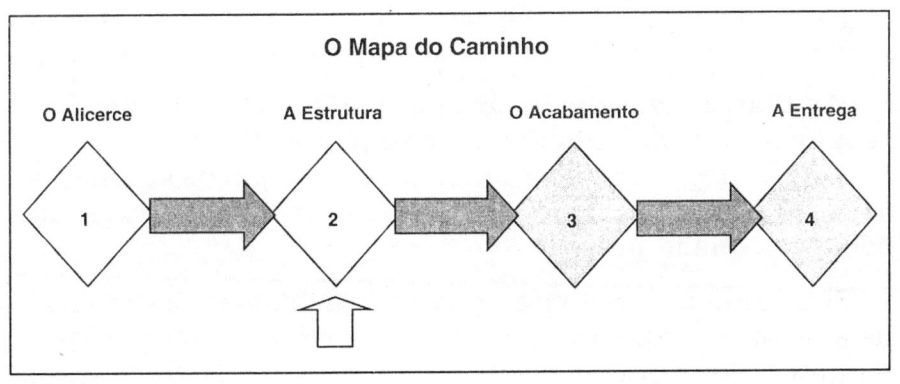

O Mapa do Caminho

O Alicerce — A Estrutura — O Acabamento — A Entrega
1 → 2 → 3 → 4

Passo 2

Este capítulo trata da construção das estruturas. Nele, estarei detalhando:

- As ações estratégicas essenciais para se alcançar a visão desejada;
- A definição de pilares de sustentação de forma a desmistificar a eficiência;
- A busca por resultados de curto, médio e longo prazos.

No capítulo anterior, destaquei a importância das pessoas e da existência da visão e da missão, pois estas nos sinalizam onde queremos chegar.

Destaquei também, a importância da prática de princípios virtuosos, filosofias empresariais que nos suportem no dia-a-dia.

Mas como faremos para alcançar a visão desejada? Temos as pessoas certas para realizar estas iniciativas? Como devemos estruturar nossas ações?

A Magnitude da Mudança e os Cenários

Para iniciar a criação da estrutura é muito importante entender qual a magnitude da mudança a ser introduzida.

Esta talvez seja a primeira pergunta a ser feita e está diretamente relacionada à quão desafiadora é a visão. E, por isso, ao se negligenciar a construção da visão de sua empresa, você estará negligenciando o seu futuro; isso vale também para o lado pessoal.

Se a visão for uma visão estreita, certamente a dimensão da mudança também o será. Mas, se a visão for mesmo desafiadora certamente ensejará um movimento forte de transformação; por exemplo, se a empresa desejar ser líder de um mercado específico com maximização da margem bruta do negócio, será necessário criar um plano de transformação à altura deste desafio.

Agora, é importante ter consciência de que a visão desafiadora traz consigo a necessidade de transformações amplas e que, novamente, não é possível sair de uma situação mediana para ótima num piscar de olhos. Para iniciar este processo de transformação, é necessário entender claramente o "onde estamos".

Uma forma de verificar e identificar a situação atual é a de realizar um diagnóstico profundo e uma correta criação dos cenários externo e interno.

Criar um cenário significa entender as ocorrências e tendências do mundo, por exemplo, entender a conseqüência de uma guerra e de uma recessão nos Estados Unidos da América e correlacioná-las ao seu negócio, verificando o impacto destas ocorrências no seu dia-a-dia e as ações necessárias para o atendimento da visão de sua empresa.

No caso do exemplo acima, em que se busca a liderança do mercado com maximização dos lucros, será necessário, por exemplo, entender o mercado externo, os produtos concorrentes, o *"market share"* das famílias de produtos, as questões econômico-financeiras, a globalização etc.

Além destas variáveis externas, será preciso entender as variáveis internas à sua empresa. Por exemplo, como anda a situação da empresa nas áreas financeira, organizacional, pessoal etc. e se existem restrições nestas dimensões.

O entendimento correto dos cenários externo e interno, alinhado a um bom diagnóstico da sua empresa, será o ponto de partida da estruturação do projeto de transformação.

É importante reforçar esta questão da visão e dos cenários, pois é neste momento que é possível verificar a real necessidade da introdução de um projeto de transformação e sua extensão.

Desta forma, foge-se do risco de cair na armadilha das modas e coqueluches do momento, como já reforcei na introdução.

Novas metodologias e sistemas devem ser implantados, se, e somente se, o diagnóstico de sua empresa e de seu negócio sinalizar a existência de hiatos entre a situação atual e a situação futura.

Tive a rica oportunidade de participar de um grande projeto de transformação em que uma das frentes era implantar um sistema de gestão empresarial, conhecido no mercado como ERP (*Enterprise Resource Planning*).

Uma das etapas que realizamos com profundo cuidado e detalhamento foi o *benchmarking* com empresas nacionais e internacionais para conhecer o impacto que uma implantação de um sistema com tal magnitude causa nas empresas.

Nesta oportunidade, constatamos que muitas das empresas visitadas não possuíam uma visão de onde chegar, não tinham a verdadeira dimensão do impacto de uma mudança desta natureza. Algumas delas tiveram sérios problemas após a implementação e literalmente travaram.

Mas isso era culpa do sistema? De um grupo de pessoas?

Claro que não. Tal foi motivado, sim, pela falta de uma visão clara e do entendimento de como a introdução de uma ferramenta deste porte afeta as pessoas, a cultura da empresa e seus processos.

Felizmente, no projeto do qual participei, nós conseguimos construir uma visão sistêmica correta com respectivo entendimento do papel da "FERRAMENTA" ERP.

Portanto, com a clareza da dimensão da mudança desejada e entendendo os cenários em que a empresa está inserida será possível iniciar a estruturação dos próximos passos.

Os Pilares de Sustentação – Desmistificando a Eficiência

Uma das grandes dificuldades que sentimos quando pretendemos começar projetos de transformação é saber por onde começar.

Capítulo 2 – A Estrutura (O Como)

Algumas empresas começam tantas ações ao mesmo tempo, sem alinhamento entre elas, sem foco e sem estruturação, que, com o passar do tempo, a maioria é abandonada e ninguém sente falta delas.

Mas como então estruturar projetos de transformação? É claro que diversos caminhos levam a Roma, mas a abordagem de que mais gosto, por ser mais ampla e assegurar a visão sistêmica, é a dos quatro pilares: Pessoas, Processos, Infra-estrutura e Organização.

E por que esta abordagem?

Esta abordagem, realmente, desmistifica a eficiência porque induz a atuação de forma simultânea e efetiva em quatro importantes dimensões. A razão para isso está explicada a seguir.

Nesta última década, as empresas passaram por diversas tentativas de implantação de projetos de transformação para resolver seus problemas. Grandes consultorias ou consultores individuais propunham suas metodologias para resolução dos problemas e para a realização de mudanças.

Alguns sugeriam a abordagem centrada quase totalmente nas pessoas, ou seja, propunham ações de motivação, cursos específicos para melhoria de alguma fraqueza encontrada, melhoria da sinergia etc. Outros propunham a solução centrada em sistemas de informática e ferramentas específicas. Outros, ainda, na forma de se organizar e nos processos, em nome da diminuição da verticalização.

Tais sugestões e proposições, na maioria dos casos, falhavam ou realizavam pequenas melhorias, pois focavam em questões pontuais: faltava a visão desejada ou mesmo desconhecia-se o raciocínio sistêmico.

Com estas experiências, entre erros e acertos, e com a conscientização e o melhor entendimento dos conceitos trazidos por Peter Senge, iniciou-se a estruturação de uma abordagem mais sistêmica, de forma a entender e estruturar os projetos de transformação em frentes de trabalho ou disciplinas.

Tal abordagem foi ainda mais aceita em face de experiências reais com diversas empresas que puderam constatar, na prática, que a mudança efetiva só acontecia quando atuávamos fortemente em pessoas e em estruturas.

Quando se atua com energia somente no desenvolvimento das pessoas e no seu fortalecimento, e não se atua nas questões que envolvem a quebra ou mudança das estruturas (infraestrutura, processos, organização), a mudança tende a ser temporária, pois do que adianta ter as pessoas motivadas e cheias de criatividade se ao chegarem à empresa encontram uma "muralha" que as coíbem de realizar mudanças.

A recíproca também é verdadeira, quando se atua com energia somente nas questões das estruturas, ou seja, mudam-se processos ou sistemas, mas as pessoas são colocadas em segundo plano ou têm pouca participação no processo; a tendência é criar grandes resistências.

A mudança só é efetiva quando se introduzem ações de alto impacto (reavaliando modelos mentais), simultaneamente, nas duas direções: nas pessoas e nas estruturas.

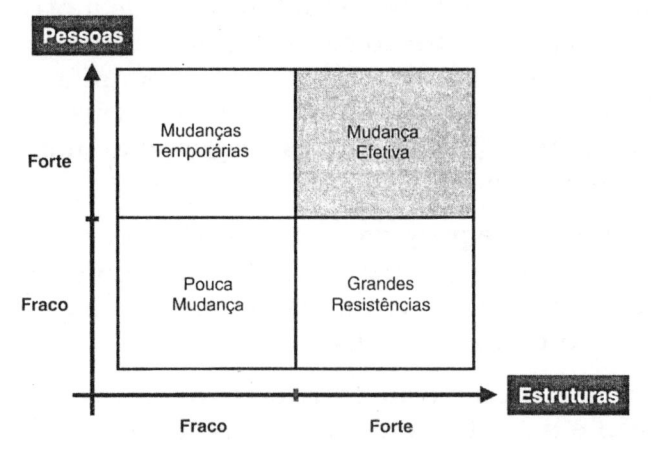

Figura 3: Variáveis para mudança.

Capítulo 2 – A Estrutura (O Como)

Por este aspecto é que recomendo estruturar os projetos de transformação em quatro pilares: Pessoas, Processos, Infra-estrutura e Organização.

Os três últimos pilares são entendidos como estruturas, ou seja, elementos estruturais que suportam a ação das pessoas.

Para reforçar um pouco mais os pilares de sustentação, vamos adotar novamente o exemplo da implantação de um sistema de gestão empresarial (ERP).

Em sendo um sistema de gestão uma ferramenta da tecnologia da informação, ele se enquadra na categoria de estrutura e no pilar infra-estrutura.

Mas um sistema deste nível, com a amplitude empresarial a que se propõe, precisa necessariamente passar por uma "adaptação" para se adequar aos processos de negócio da empresa, configurar as interfaces entre esses processos para definir entradas e saídas entre outros aspectos.

E quem faz esta adaptação?

Novamente, quem faz são as pessoas e por isso a importância e a necessidade de possuir o raciocínio sistêmico e o conhecimento do negócio.

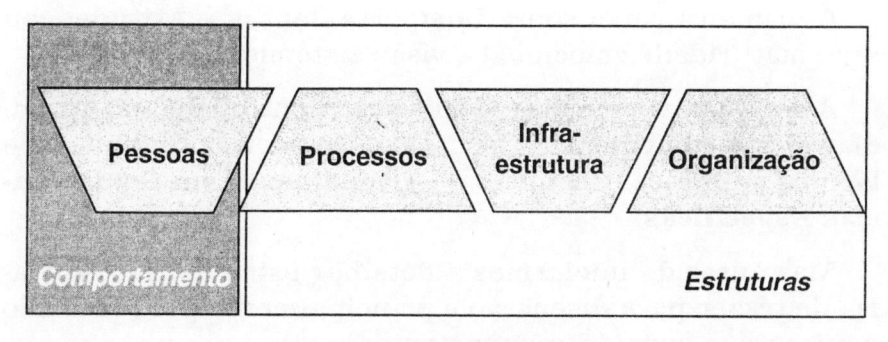

Figura 4: Pilares de sustentação.

As pessoas precisam entender onde se quer chegar, a visão desejada, a cadeia de valores da empresa e qual o salto de eficiência desejado.

Além disto, é importante reconhecer a questão da existência dos modelos mentais e paradigmas indesejáveis, que precisarão ser entendidos e modificados, pois são "pedras no caminho" que precisam ser retiradas.

De forma a entender estes pilares e como, por seu intermédio, podemos quebrar modelos mentais indesejáveis, estarei detalhando-os.

O Pilar PESSOAS

Na introdução deste livro, iniciei entendimento deste pilar fundamental em qualquer projeto, as PESSOAS, aquelas que fazem e acontecem.

Naquela oportunidade, enfatizei a questão dos modelos mentais e da necessidade do autoconhecimento, pois é somente através desta conscientização que será possível quebrar paradigmas e introduzir novos patamares de ação.

Dentro deste contexto, gosto de abordar o Pilar PESSOAS em duas vertentes:

A primeira versa sobre **Comportamentos e Atitudes**, ou seja, maturidade emocional e visão sistêmica.

A segunda versa sobre a educação continuada e o aprendizado das competências técnicas necessárias, a maturidade técnica ou lógica. Chamei-o de **Treinamento em Competências Específicas**.

Mas antes de iniciarmos a detalhar estas teorias, gostaria de trazer para discussão e principalmente para reflexão um fato que considero importante:

Um Pouco de História...

É interessante notar, nas décadas passadas, que alguns temas considerados secundários, ligados ao ser humano, eram motivo de estudos e análises detalhadas por parte de alguns especialistas.

Já se sabia que seria necessário entender o ser humano com maior amplitude e profundidade do que se tinha naquela época.

Por exemplo, no início do século passado, mesmo com a preocupação exclusiva da implantação da administração científica centrada fortemente na tarefa e na divisão de trabalho (especialização), Taylor[19] já constatava que seria importante buscar as pessoas certas para os lugares certos e que era tarefa dos líderes formar pessoas, pois só assim se atingiria o volume de pessoas adequado para se alcançar a eficiência nacional.

Além dele, Maslow[20] (vide Figura 5), Herzberg[21] e McGregor[22] também se aprofundaram no assunto das necessidades humanas, das causas de desconforto e do comportamento do ser humano, respectivamente, e deixaram um rico legado de experiências e teorias.

Não é objetivo deste livro detalhar mais estes autores, mas, sim, trazer à reflexão e nos perguntarmos o porquê da não utilização deste legado no nosso dia-a-dia, apesar de estarem disponíveis há muito tempo.

Por exemplo, esquecemo-nos de entender as pessoas, utilizando a teoria das necessidades de Maslow.

---

[19] Taylor, F. W., *Princípios da Administração Científica*.
[20] Maslow, A. H., *Motivação e Personalidade*.
[21] Herzberg, F., *Trabalho e a Natureza do Homem*.
[22] McGregor, D., *O Lado Humano das Organizações*.

```
                    Auto-
                  Realização
                Transcendência;
              (Autodesenvolvimento;
                  Criatividade
            Auto-expressão; Sabedoria)
                    Estima
      (Respeito; Estabilidade; Autoconfiança; Auto-estima)
                    Sociais
            (Afeição; Aceitação; Aparência)
                   Segurança
      (Segurança; Proteção sua e da família; Estabilidade)
              Fisiológicas/Biológicas
        (Sobrevivência; Alimentação; Roupa e Teto)
```

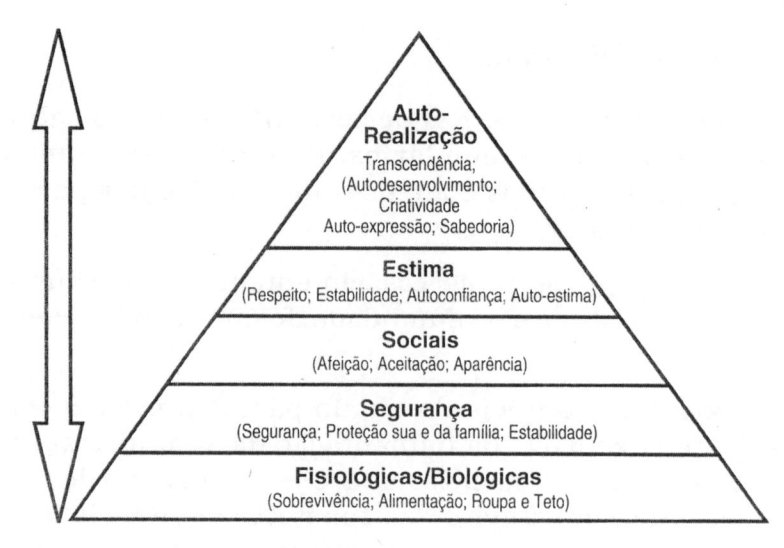

Figura 5: Pirâmide de Maslow.

Segundo Maslow, todo ser humano possui necessidades a serem preenchidas. Quanto mais estas necessidades são preenchidas, mais realizadas e felizes estarão as pessoas.

Vou exemplificar esta questão, utilizando nosso cenário atual.

Maslow coloca que toda pessoa precisa ter as necessidades fisiológicas e biológicas preenchidas, tais como sobrevivência, alimentação, sexo, moradia etc. A falta destas afeta sobremaneira a sua realização como ser humano, moldando seus resultados.

Por exemplo, que resultados esperar de um pai de família que está com dificuldades para dar de comer aos seus filhos ou não possui moradia digna? Talvez este seja um dos grandes erros da nossa sociedade atual: a falta de cidadania.

Além desta, temos necessidade também de segurança e estabilidade. Estas, segundo Maslow, são preenchidas inicialmente através de um emprego, de uma ocupação, ou mesmo de possuir uma empresa etc.

Mas se extrapolarmos tal entendimento e considerarmos o cenário atual em que vivemos, podemos correlacioná-lo com a segurança de ir e vir.

Nosso direito de ir e vir está cada vez mais diminuto. As cidades, principalmente as grandes, e seu poder público não estão nos proporcionando a situação de segurança que desejamos. Algo precisa ser feito urgentemente. Nosso sistema penal dá mostras de falência iminente.

Enquanto este direito estiver penalizado e o problema persistir teremos uma necessidade não preenchida.

Caminhando um pouco mais na pirâmide, encontramos as necessidades sociais: procuramos obter afeição, melhor aparência e aceitação na sociedade em que vivemos; queremos que as pessoas nos aceitem e nos vejam como exemplo.

Mas, se por outro lado, a sociedade nos afasta e nos exclui por algum motivo, teremos também um distanciamento desta necessidade e reforço na exclusão das pessoas. Por exemplo, os excluídos por falta de educação escolar etc.

Além disso, queremos também ser estimados, buscamos o respeito das pessoas, a elevação de nossa autoconfiança e auto-estima. Considero este patamar um estágio bastante avançado de autodesenvolvimento. A pergunta que me faço é: quantos brasileiros poderiam incluir-se neste nível? E aqui não me limito apenas ao conhecimento cultural e educacional...

Por último, no pico da pirâmide, buscamos ser reconhecidos pelas nossas ações, queremos desenvolver nossa criatividade, nosso poder de auto-expressão e auto-realização. Buscamos transcender as coisas do mundo.

Todas estas necessidades devem ser simultaneamente preenchidas.

Agora eu pergunto: Não ficaria muito mais fácil se buscássemos apoio nesta pirâmide para entender o ser humano?

E, em outro caso, não seria também mais fácil se buscássemos respostas aos resultados e motivações das pessoas na teoria de causas de conforto e desconforto de Herzberg?

Herzberg pontuou com bastante sabedoria que diversos fatores poderiam causar conforto e desconforto no trabalho, os quais poderiam gerar maior ou menor motivação nas pessoas.

Eram fatores que geravam mais conforto do que desconforto os itens relacionados a realizações no trabalho, reconhecimento, satisfação profissional, responsabilidade. Por outro lado, eram causas de maior desconforto os itens relacionados à supervisão, limitações na política gerencial, relações com superior, relações com companheiros e condições de trabalho.

Mesmo aqueles que julgávamos não possuírem certa profundidade com o tema PESSOAS, como é caso de Taylor, surpreendem-nos com questionamentos profundos como o colocado anteriormente.

A conclusão, a qual chego, é que nós não soubemos utilizar e praticar, desde cedo, alguns ricos ensinamentos deixados por estes especialistas. Quando deixamos de buscar estas teorias, deixamos de vivenciá-las e deixando de vivenciá-las, deixamos de criar a consciência de sua importância.

Depois destes, vários outros estudiosos vieram a contribuir para a compreensão das pessoas e do seu papel no contexto empresarial e fora dele.

Hoje, o tema *fator humano*, não só nas empresas, mas em todo e qualquer empreendimento, é entendido como essencial e praticado com alguma profundidade em vários locais, mas ainda há muito espaço para melhorias.

Todos nós recordamos que, há bem pouco tempo, as pessoas eram levadas a possuírem um papel limitado e algumas vezes (várias) infantilizadas; por outro lado, as pessoas também se habituaram a serem conduzidas e a ficarem na "zona de conforto". O resultado desta "dança" e deste tipo de ambiente nós já conhecemos: existência de feudos, grupos isolados e pessoas com pouca maturidade e sem a visão do todo.

A desmotivação era quase sempre uma constante e a abertura a mudanças quase nula. Não havia melhorias, não havia ambição, não havia saltos. Muitas destas organizações sucumbiram e outras devem estar prestes...

Mas como entender então, as pessoas na busca de melhores resultados e novos patamares de ação?

Comportamentos e Atitudes

Autoconhecimento

Para começar a responder a questão acima, vou colocar alguns ingredientes que nos ajudarão a entender por que fazemos o que fazemos...

Vou então detalhar um pouco mais a questão de como vemos o mundo, com base nos conceitos das Figuras 6 e 7.[23]

Na verdade, vemos o mundo conforme nossa lente: cada um de nós tem uma. É nesta lente que residem nossos paradigmas. Estes regulam nossas ações, ou seja, a partir do momento em que recebemos um estímulo do mundo real, este estímulo é filtrado por esta lente; o que vejo gera então uma conclusão, o que resulta em uma ação ou resultado. Muitas vezes, estas ações são até inconscientes.

---

[23] Figura adaptada de Silvana de Aguiar – *Antar: Processos de Transformação*.

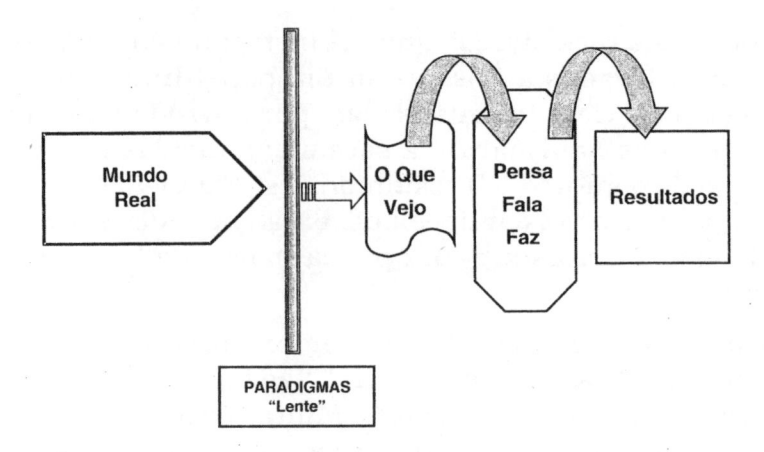

Figura 6: A lente.[23]

"Tudo que é dito é dito por um observador e, portanto, as realidades ditas 'objetivas' são construídas a partir de nossas percepções, que são individuais, ou seja: carregadas de nossas histórias, crenças, valores e preconceitos".[24]

E por que isto acontece? Por que cada um de nós tem uma forma de reação? Às vezes similar, outras vezes não?

Porque temos, de forma individual e diferentemente, dentro de nossas mentes, experiências, culturas, valores, desenhos humanos.

Estes foram sendo inseridos ou adquiridos por nós ao longo de nossa vida. Sejam os valores ensinados por nossos pais, sejam experiências pessoais vividas, seja a cultura na qual estamos inseridos.

Tais situações fizeram com que nós criássemos alguns desenhos humanos que nos dão ilusão de autopreservação. Por exemplo, querermos parecer sempre bem ou querermos estar no controle sempre... Na verdade, estas são situações ilusórias.

---

[24] Humberto Maturana, citado por Rubem Bauer.

Capítulo 2 – A Estrutura (O Como)

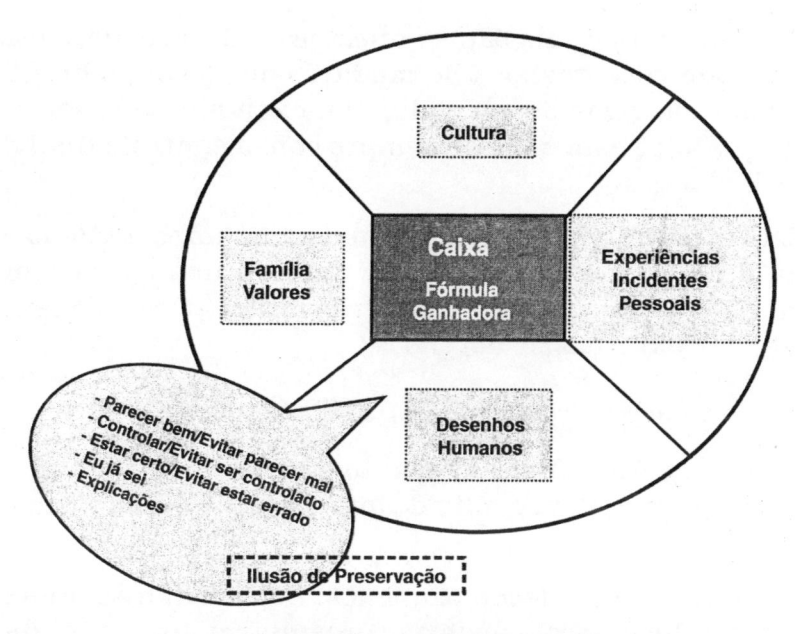

Figura 7: Nossos modelos mentais.[23]

Estes modelos resultam na forma como entendemos o mundo. Nossas verdades e mentiras estão aí inseridas. E se é assim, podemos inferir que algumas verdades podem não ser de fato verdades, visto que são parte de nossa criação, e assim sendo podemos começar a enxergar o mundo de forma diferente. Esta constatação é extremamente enriquecedora.

Encontra-se, também, ao centro deste círculo, a fórmula ganhadora que cada um de nós possuímos e utilizamos em nossas vidas. Aqui não há nenhuma análise de certo ou errado. É apenas a sua formula ganhadora.

Por exemplo, uma fórmula ganhadora pode ser o "coitado de mim" ou parecer superior. Esta fórmula é a sua receita para vencer os obstáculos. Ela não é imutável...

Quando começarmos a entender um pouco melhor estas coisas, tanto mais estaremos reforçando nosso autoconhecimento.

Por exemplo, quais são as questões culturais ou mesmo valores que você gostaria de mudar? Que desenho humano você quer cancelar de sua vida? Um exemplo pode ser o de achar que você está e estará sempre com o controle total das coisas!

Este discernimento é também um passo importante na direção do autoconhecimento. E, quando nos conhecemos melhor e vencemos nossas barreiras internas, mais chances de vitórias externas se abrem.

"As vitórias internas precedem as vitórias externas."[25]

Vamos, agora, voltar ao assunto da organização de aprendizagem que destruiu o mito de que o mundo é composto por forças separadas.

Segundo Senge, desde pequenos, nos ensinaram que devemos dividir os problemas e fragmentar o mundo, o que à primeira vista parece facilitar, mas, no final, faz com que as pessoas percam a noção de conjunto. Ele quebrou este mito através da organização de aprendizagem.

Uma organização de aprendizagem é aquela que consegue aplicar de forma integrada algumas disciplinas básicas e fundamentais (Raciocínio Sistêmico, Domínio Pessoal, Modelos Mentais, Objetivo Comum e Aprendizado em Grupo). Estas disciplinas permitem que as pessoas reforcem seu sentido de conjunto e seu autoconhecimento.

Este reforço acontece, pois conseguimos classificar e observar melhor alguns desenhos humanos ou mesmo a nossa "caixa" diante da realidade que nos é apresentada.

Falando em sentido de conjunto e no raciocínio sistêmico, vou detalhar resumidamente estas disciplinas de Senge, a começar pela importância da capacidade integrativa.

---

[25] Stephen R. Covey – O*s 7 Hábitos de Pessoas Altamente Eficazes*.

O Raciocínio Sistêmico

Esta é a disciplina que pode ser considerada a mais importante de todas, pois tem como desafio fazer com que as outras disciplinas, que serão apresentadas a seguir funcionem em um conjunto coerente entre a teoria e a prática.

Deste modo é possível evitar o fato de querer utilizar ou mesmo entender as demais disciplinas separadamente ou como uma mera metodologia, quase uma "moda", para a execução de uma mudança planejada.

Esta disciplina é responsável por entender o todo, o conjunto; ver a floresta antes das árvores, galhos e folhas...

Envolve uma mudança de mentalidade que significa ter clareza das inter-relações e dos processos de mudanças.

Outro fator importante é que esta disciplina faz com que as pessoas se entendam como parte do todo e não separadamente dele, como costuma acontecer. Quase sempre achamos que o inimigo está lá fora.

É importante constatarmos que os nossos problemas são de nossa responsabilidade e não de outrem.

> *"Você é cem por cento responsável pela sua própria felicidade. Os outros não são responsáveis por ela. Os seus pais não o são. A sua esposa, o seu esposo também não o é. Você está sozinho/a! Então, se você não está feliz, só você pode mudar alguma coisa. Este "CONSERTO" não depende de ninguém mais !!!"* [26]

É preciso aprender a criar sua própria realidade e também a modificar quando for necessário.

Gosto de dizer que é preciso que haja um verdadeiro "rompimento" de cada ser humano com o *status quo*. Este rompi-

---
[26] Dr. Gerald D. Bell – em *Ah, Se Eu Soubesse...* de Richard Edler.

mento e transformação fazem com que sejamos capazes de fazer o que nunca imaginamos que o seríamos.

Domínio Pessoal

Nesta disciplina, é essencial entendermos que as pessoas precisam saber o que de fato é importante para elas e como suas ações afetam o mundo. A partir do momento em que esta disciplina é integrada ao nosso dia-a-dia, surgem dois hábitos importantes:

O primeiro é aquele que faz com que esclareçamos continuamente **o que é importante para nós**. Às vezes, os detalhes operacionais fazem com que nos esqueçamos de onde queremos chegar e o que é, de fato, mais importante. Lembrando Stephen Covey, o hábito 3: Primeiro o mais importante.

Coisas mais importantes são aquelas que você, pessoalmente, acha mais difíceis de fazer. Elas movem você na direção de sua missão pessoal.

O segundo é aprender a aceitar a realidade como ela é. Não fechar os olhos para a situação que se apresenta. E também praticar a análise contínua do "onde estamos" e "onde queremos chegar", com transparência e honestidade. Isto gera uma força muito positiva denominada "Tensão Criativa".

> *"A essência do domínio pessoal está em aprender a gerar e a manter a tensão criativa em nossas vidas."*[27]

As pessoas com alto nível de domínio pessoal estão sempre aprendendo, estão sempre a caminho, sabem que nada sabem e é por isso que **o fim é apenas o começo...**

Lembrando Sócrates: "Só sei que nada sei".

---

[27] Peter Senge – *A Quinta Disciplina*.

Modelos Mentais

Outro fato importante de constatarmos com a ajuda do conhecimento obtido com a Figura 7, é o de entender e observar os modelos mentais individuais e coletivos. Idéias profundamente arraigadas, generalizações, ou mesmo imagens influenciam nosso modo de encarar o mundo e nossas atitudes.

Na maioria das vezes não temos consciência de nossos modelos mentais e do reflexo que eles exercem em nossas ações e resultados. Por exemplo, certas vezes pegamo-nos concluindo e julgando as pessoas através dos nossos modelos mentais. Que são simplificações...

Assim, pessoas com certa aparência podem ser percebidas como pessoas finas e importantes e as com aparência diferente, o oposto.

O essencial a constatar neste ponto é que os modelos mentais estão vivos, muitas vezes tacitamente, em nossas mentes modelando nossas ações e dificultando as mudanças.

E como, então, estes tais modelos mentais podem ser alterados, por exemplo, nos negócios?

Um dos caminhos sugeridos é o de trazer à superfície as idéias sobre negócios profundamente arraigadas nas mentes dos dirigentes e entendê-las. Estas idéias são as responsáveis pelas ações ou reações e até mesmo pelas acomodações existentes.

O outro é o de gerar a capacidade do aprendizado generativo, ou seja, a capacidade de reflexão e investigação profunda de forma a trazer à superfície os modelos mentais desafiando-os antes que algo ou alguém o faça.

Objetivo Comum

No capítulo anterior, salientei sobre a importância da visão e da missão. Estas dão a cada um de nós a capacidade da utilização e do alinhamento para um Objetivo Comum. Este é o que consegue unir as pessoas. Sem este "amálgama" as pessoas não sentiriam motivação de prosseguirem em busca do resultado desejado.

Por isso, reforcei o quanto é importante a participação das pessoas na construção de uma visão e de uma missão realmente desafiadoras. Quando há um objetivo comum disseminado e permeado em toda a organização, as chances de sobrevivência, crescimento e perpetuação de uma empresa ou de um negócio são potencializadas ao extremo.

É condição fundamental que você consiga fazer uma forte correlação do seu objetivo pessoal, ou seja, onde você deseja chegar como indivíduo que é, com o objetivo de sua empresa, de seu negócio etc. Pois, caso contrário, você pode chegar, infelizmente, à desmotivação e concluir tardiamente que "não deu sorte na vida".

> "O que toda empresa necessita é de um princípio de administração que proporcione o máximo alcance à potencialidade do indivíduo, mas que, ao mesmo tempo, determine uma direção comum da visão e dos esforços, estabeleça o trabalho em equipe e harmonize as metas de cada um com o bem-estar comum."[28]

Lembrando novamente Stephen Covey, o hábito 2: Começar com um objetivo na mente.

Começar com um objetivo na mente significa começar cada dia, cada atividade, com um claro entendimento da direção desejada e seu destino.

Mantendo este objetivo na mente você pode ter a certeza de que o que quer que você faça em qualquer destes dias não irá violar o critério que você definiu como de suprema importância, e que cada dia contribui de modo significativo para a visão que você tem de sua vida.

---
[28] Peter Drucker.

Um objetivo comum eleva as aspirações, faz surgir a coragem e a ousadia.

Somente reforçando, lembre-se do objetivo comum colocado por John Kennedy: colocar o homem na Lua até o fim da década de 60. Quanto de coragem e ousadia estavam aí embutidas!

Não existe uma organização que está disposta a aprender sem um objetivo comum.

São os objetivos comuns que conseguem que haja o engajamento de longo prazo das pessoas. Mesmo que estes objetivos tivessem sabidamente um ciclo de vida maior que a existência dos executores.

Por exemplo, no passado existiram igrejas e palácios que demandaram séculos para serem construídos, mas as pessoas, mesmo sabendo que não os veriam finalizados, estavam lá trabalhando, não desistiram. O que as unia era, com certeza, um objetivo comum. Uma visão motivadora!

Outro exemplo, ao qual acabo de ser exposto, é o de um casal que entrou no livro Guinness, o livro dos recordes, por estarem casados há 83 anos. Sabe qual a visão de Bill de 104 anos, o marido de Lil de 98 anos? Simplesmente ele disse aos jornais: "Eu queria cuidar dela: isto é o principal da história." Foi ou não foi um objetivo de longo prazo?

"O futuro não é um lugar para onde estamos indo, mas um lugar que estamos criando. O caminho para ele não é encontrado, mas construído, e o ato de fazê-lo muda tanto o realizador quanto o destino."[29]

Aprendizado em Grupo

Por fim, uma outra faceta bastante importante do autoconhecimento e do desenvolvimento emocional é o Aprendi-

---
[29] John Schoan.

zado em Grupo. Este é desenvolvido a partir da existência de um objetivo comum e do domínio pessoal, pois equipes de alta performance são formadas a partir de pessoas de alta performance.

Porém, somente objetivo comum e talento não são suficientes; é necessário, também, aprender a aprender.

E para aprender a aprender nas organizações é preciso entender três dimensões fundamentais:

A primeira é a capacidade de integrar o potencial intelectual das pessoas fazendo com que a inteligência do todo seja maior do que a das partes. Às vezes existem forças dentro da organização que resistem a esta integração.

A segunda é a conscientização de que se faz parte de um time e que deve-se agir cooperativamente de modo a complementar as ações dos outros integrantes.

A terceira é a capacidade de reconhecer que existe a influência de um grupo sobre outros grupos. Por exemplo, a maioria das decisões tomadas por executivos são operacionalizadas por pessoas operacionais, daí a importância deste aprendizado.

É importante reforçar que o aprendizado em grupo requer a prática do diálogo e da discussão. Estas duas situações permitem exercitar o escutar e apresentar opiniões diferentes e discuti-las. E, por fim, é preciso praticar!

Estes tópicos nos permitem entender melhor as pessoas e fazê-las se conscientizarem de quão importante são os aspectos tácitos que encontramos no nosso dia-a-dia e quanto estes influenciam os resultados que nós estamos acostumados a ver.

Treinamento em Competências Específicas

Mas, além do lado comportamental, é preciso também entender e diagnosticar as competências técnicas necessárias para a condução da mudança e também aquelas necessárias ao dia-a-dia, na realização da tarefa empresarial.

Se as pessoas não possuem a dimensão de que sua função necessita, não poderão exercer seu papel na totalidade. Porém, é importante destacar que o conhecimento das competências deve ser um balizador e não um limitador.

Por exemplo, no caso da competência do conhecimento de negócio, é importante que as pessoas, todas elas, consigam ter um mínimo de entendimento do negócio maior que é a empresa e que, ao mesmo tempo, consigam se inserir nele.

Cada micronegócio é parte do negócio maior, que é a empresa.

Outras competências importantes são aquelas relacionadas à pessoa e sua capacidade de inserção no grupo: questões como motivação, negociação, humildade, ética etc., passam a ser discutidas e entendidas dentro destas competências e mais bem conscientizadas com a potencialização do autoconhecimento.

Novamente, não possuímos um time só de craques; certamente, ao fazer o diagnóstico, lacunas e pontos para melhoria aparecerão e serão motivos de análise e, se necessário, ação.

Gostaria de salientar dois pontos que considero no mais alto grau. São eles: o espírito de servir e a humildade. Entendo que quando estas duas atitudes estão presentes, certamente, a condução da mudança transcorrerá com maior facilidade. É preciso ter boa vontade e ser humilde para reconhecer o ser humano como falível.

> "O mais importante **patrimônio** do Ser Humano é seu **espírito**, pois é este que lhe confere **caráter** e **vontade de servir**, bem como **forças** para **criar**, **inovar** e **produzir** em benefício de seus Semelhantes."[30]

---

[30] Norberto Odebrecht – Tecnologia Empresarial Odebrecht.

Cabe lembrar aqui que, no primeiro instante, as competências comportamentais e específicas para possibilitar o início do projeto de transformação deverão ser as primeiras a serem buscadas e equacionadas, pois neste momento estas são fator crítico de sucesso para a continuidade das ações.

Conforme comentei anteriormente, tive a oportunidade de realizar alguns *Benchmarking* para a implantação de uma ferramenta ERP.

Em uma destas ocasiões, visitei uma empresa nacional, em São Paulo, que havia passado por maus bocados durante a implantação deste sistema.

Estive conversando com o presidente da empresa e ele nos expôs as dificuldades que ele passou no início da estruturação do projeto, pois não havia na empresa pessoas com o conhecimento do negócio na amplitude necessária (visão sistêmica) e nem líderes à altura da magnitude de um projeto daquela natureza.

Contava ele que o gerente de TI (Tecnologia da Informação) vinha a ele com termos técnicos, jargões e decisões específicas que deveriam ter sido resolvidas no nível operacional ao invés de serem levadas para cima.

Tal situação era exemplo claro do despreparo do time do projeto em face da transformação que se desejava implantar.

No final, comentava ele, teve de reestruturar todo o projeto e sua estratégia de implementação.

O Pilar Processos

A partir deste momento, vou começar a falar sobre os **aspectos estruturais**. Os meios que suportam as PESSOAS a realizarem sua tarefa empresarial.

Gostaria também de trazer à discussão o entendimento da importância do assunto processos, mas sob a ótica mais estratégica que é a de processos empresariais e a de cadeia de valor para o cliente.

Este assunto também suscitou, no passado, muita discussão. Desde a reengenharia de Hammer e Champy, que instigava a todos a começarem tudo de novo do zero, de uma "folha de papel em branco", ao posicionamento de Devemport, que sugeria a reengenharia através de ferramentas de informática.

Todas estas metodologias de ação geraram, nas empresas, diversas situações, algumas hilárias, quando vistas como passado. Outras até aterrorizadoras em face dos estragos cometidos.

Foram usadas como "bode expiatório", para justificativas de redução de mão-de-obra, diminuição de duplicação de atividades e reestruturações hierárquicas de forma a acabar com as famosas "caixinhas" dos organogramas das empresas.

Quer dizer, então, que essa história de processos não funciona?

Não quer dizer não; novamente é importante entender primeiro o cenário da época em que estas iniciativas começaram e qual foi a forma com que foram conduzidas. Algumas tiveram o foco muito operacional e funcional.

Eram baseadas nos roteiros das atividades produtivas e na busca da melhoria local – ótimo local, sem, no entanto, a visão sistêmica do ótimo global.

Mas, de tudo isto sobrou mesmo um forte aprendizado e a noção de que precisamos sempre praticar o bom senso e entender os processos nos diversos níveis. Do estratégico ao operacional.

É preciso entender também, que uma das formas de enxergarmos toda a empresa, é a de entendermos seus processos de negócio e sua cadeia de valores.

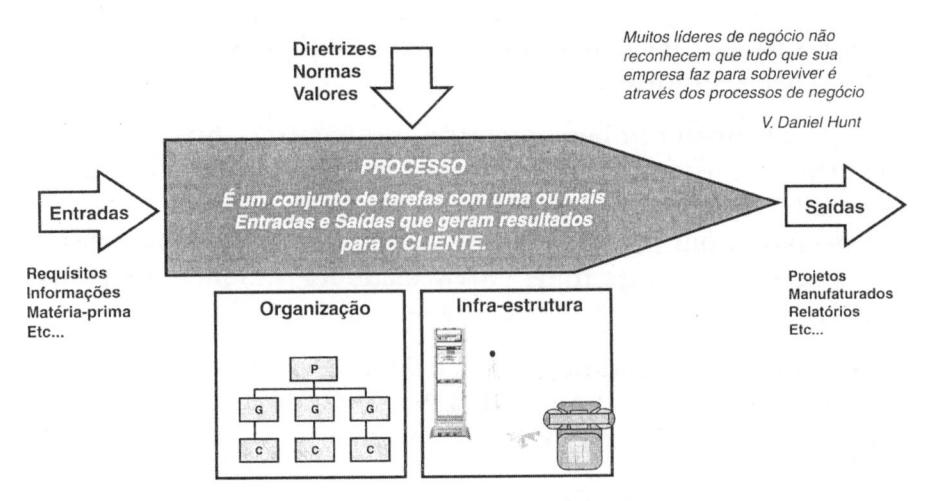

Figura 8: Processo e seus viabilizadores.

Quando falamos de cadeia de valores, estamos nos referindo ao conhecimento e alinhamento dos processos mais estratégicos de uma empresa, ou seja, quais são os processos que estão agregando valor ou não para os clientes e quais são aqueles em que encontramos um diferencial com relação ao mercado e à concorrência.

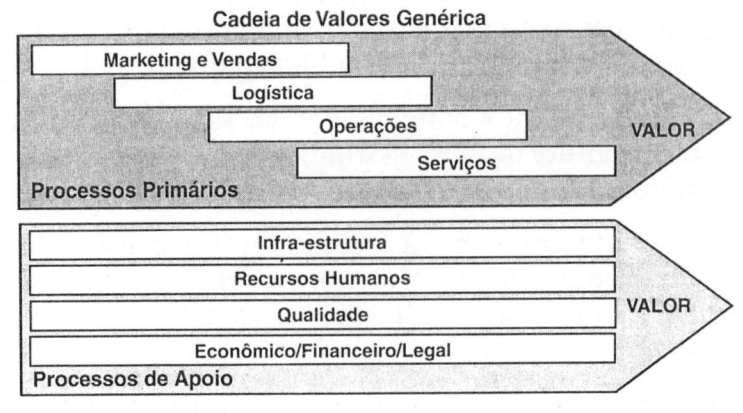

Figura 9: Cadeia de valores.[31]

---
[31] Baseada na Cadeia de Valores de Michael Porter – *Vantagem Competitiva*.

O exercício de entendimento e alinhamento para a formalização destes processos, ou seja, documentá-los por escrito em padrões previamente estabelecidos, com nomes, missão, entradas e saídas e seus viabilizadores é um dos momentos mais importantes na criação de foco e da visão sistêmica das atividades principais de uma empresa.

É importante ressaltar que este exercício deve construir ou formalizar os processos de negócio de forma macro e genérica neste primeiro instante.

Por quê? Porque, caso contrário, podemos cair na armadilha de se querer fazer uma reengenharia geral e irrestrita, desejando abraçar o mundo e resolver todos os seus problemas.

CUIDADO! Neste primeiro momento, você está criando a visão da floresta! Não queira chegar aos galhos e folhas tão rápido!

Conhecendo sua cadeia de valores, já é possível você realizar as primeiras análises sobre quais serão aqueles processos que serão motivo de revisão ou reestruturação em função da visão desejada.

Desta forma, será possível, também, verificar impactos nos outros processos e sinalizar para toda a organização a forma de condução do projeto.

Podemos dividir os processos em primários e de apoio (vide Figura 9). Processos primários são aqueles que reúnem as atividades diretamente ligadas ao tipo do seu negócio.

É muito importante conhecer bem estas atividades, pois muitas delas contêm algumas vantagens competitivas que você pode até desconhecer. Por exemplo, você pode possuir um processo de logística bastante enxuto, que disponibilize os produtos aos clientes com grande rapidez. Você pode, também, ter nos processos de operações uma agilidade grande em função da forma de organizar sua produção. Tudo isso é vantagem competitiva que você deve conhecer e não deve perder.

Todo este quadro nos mostra que muito antes de falar que devemos "começar de uma folha de papel em branco", precisamos, sim, é conhecer a nossa cadeia de valores, saber quais são as vantagens competitivas.

A partir daí, devemos iniciar a compreensão de quais processos poderão ser objeto de mudança, com foco nos pontos de alta alavancagem, ou seja, que mudam os modelos mentais indesejados.

Para cada processo empresarial, além de entender como eles contribuem para a visão desejada, precisamos entender qual é a "pedra no sapato" que dificulta a sua correta operação e geração de valor para os clientes e acionistas.

Com este mapeamento e com alinhamento junto à liderança, visando a criar uma coalizão administrativa, será possível conduzir as transformações nos processos de forma estruturada e com foco naqueles processos que farão, de fato, a diferença.

O Pilar Infra-Estrutura

Neste pilar estão compreendidas todas as atividades que dizem respeito à viabilização dos processos. São entendidos como viabilizadores, pois é por seu intermédio que as atividades e transações dos processos ocorrem.

Estamos falando das redes de comunicação, microcomputadores, telefones, aparelhos de fax, servidores, prédios, galpões e armazéns, softwares em geral, e tudo o mais que se insere nas características acima.

Não podem ser um fim em si mesmo! Como gosto de usar a história como exemplo! Lembro-me do passado em que os fabricantes de equipamentos exerciam forte pressão sobre as empresas para trocar seus hardwares pelos mais novos e mais poderosos.

Era a época do PDI (Plano Diretor de Informática), plano este em que se traduziam todas as informações necessárias para se mudar, às vezes, todo o parque de informática. Justificativas existiam, às vezes plausíveis, em nome do aumento do *storage*, da escalabilidade, de nomes esdrúxulos, às vezes incompreensíveis para os menos envolvidos e leigos. Mas, tal situação gerava nas empresas mudanças que muitas vezes não faziam o menor sentido ou até mesmo criavam ainda mais barreiras.

Muitos eram apenas seguidores das tendências do mercado sem nem mesmo questionar.

É preciso correr do efeito lemingue.[32]

"Segundo Prahalad, dois erros muito comuns em gestão são imitar e reagir a toda a mudança e a qualquer fato, pois é preciso analisar o que realmente será fundamental para o negócio.

O boom da Internet é um bom exemplo da diferença entre ruído e sinal. Internet não é apenas sobre as pontocoms, mas como mudar fundamentalmente a relação entre consumidores e empresas. Este é o sinal. Os ruídos foram as pontocoms e todo mundo dizendo maravilhas. Para ele, as companhias que querem seguir tudo são comparadas com os lemingues, roedores que andam em bando e chegam a cometer suicídio coletivo se atirando no mar.

Muitas companhias acreditam que porque muitas outras estão fazendo algo elas também têm de fazê-lo. Chamo isso

---
[32] Extraído do artigo de Tereza Santos sobre a última visita do guru C. K. Prahalad ao Brasil. *Revista Informationweek Brasil* de 18/9/02, nº 78.

de efeito lemingue, enfatiza Prahalad. Não é porque certa tecnologia deu certo em uma empresa que irá dar em todas, ensina.

Neste cenário, o papel do CIO (*Chief Information Officer*) se torna muito mais estratégico, pois a infra-estrutura da informação terá uma importância muito maior do que já vem tendo."

Novamente, não quer dizer que não é necessário atualizar o parque de informática em busca de melhorias. Mas quer dizer, sim, que até para se atualizar a infra-estrutura é preciso se estar alinhado aos processos e aos objetivos estratégicos da empresa e o quanto isso representará em agregação de valor para o cliente e para os acionistas.

Esta linguagem é muita clara, porém às vezes incompreendida ou não reconhecida.

É importante lembrar sempre que as pessoas querem entender primeiro o quanto uma mudança vai influenciar o ambiente onde vivem e trabalham, ou seja, entendem a linguagem das coisas ou "o que tem aí para mim". Já o executivo quer saber o quanto isso trará de retorno, entende a linguagem do dinheiro. Falar estas duas línguas é de fundamental importância para as lideranças empenhadas na realização de mudanças.

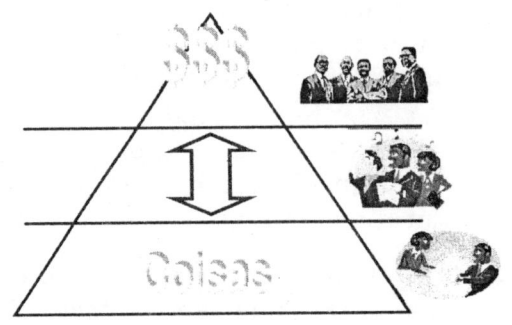

Figura 10: Os gerentes bilíngües.[33]

---

[33] Adaptada de *Balance Scorecard*, junho de 2002. Fundação Carlos Alberto Vanzolini.

Capítulo 2 – A Estrutura (O Como)

Além dos aspectos de infra-estrutura de sistemas, existem também aqueles relacionados ao local físico onde as pessoas atuam e vias de circulação, estacionamentos, refeitórios, postos de serviço etc. Todos estes também devem ser motivo de análise e entendimento.

Por exemplo, se concluirmos que o aumento de sinergia é fundamental para um dado processo, será necessário entender como podemos agrupar as pessoas de forma a gerar maior sinergia. Algumas saídas, como quebrar muros e diminuir distâncias entre as pessoas, a princípio, se mostrariam benéficas.

Lembro-me de um momento interessante nas empresas, que foi o início da utilização dos microcomputadores. No passado, a utilização dos microcomputadores ocorria por grupos. As pessoas tinham de fazer fila ou agendar com antecedência para utilizar os micros no escritório ou departamento. Lembro-me que havia alguns espertinhos que chegavam até mais cedo no trabalho para monopolizarem os micros. Era uma perda de eficiência e eficácia enorme. Quando paulatinamente esta situação foi sendo erradicada (as pessoas passaram a ser mais produtivas) e, posteriormente, conjugada à utilização de softwares de comunicação, passou a ser a ferramenta de trabalho. Hoje não conseguimos imaginar como vivemos sem o micro no passado...

Você já pensou em viver sem internet, mails, web corporativa etc.? Hoje são condições essenciais para a condução de nosso negócio e como veículo de comunicação entre as pessoas.

Resumindo: assim como nos demais, o Pilar de Infra-Estrutura deve estar alinhado com as mudanças que se deseja implantar. Ações dispersas, pontuais, podem não agregar valor e consumir recursos desnecessários.

O Pilar Organização

Neste pilar vamos falar sobre a forma de nos organizarmos, ou seja, qual é a estrutura organizacional que deve existir para ser responsiva às atividades da empresa e como ela adere aos processos de trabalho, ao negócio e às mudanças desejadas.

Neste instante, é bom relembrar que a estrutura hierárquica não faz nada sozinha. Quem faz são as PESSOAS que possuem papéis bem definidos, "às vezes nem tanto", e se relacionam entre si.

A estrutura hierárquica serve, portanto, somente para manter a ordem e não é onde as ações ocorrem. As ações são conduzidas, novamente, pelas PESSOAS, nos processos.

Tal definição é, para mim, de vital importância, pois quando as pessoas obtêm este discernimento, elas passam a entender melhor suas ações e responsabilidades, amplificando seu senso de propriedade e diminuindo a escalada de problemas sem solução para as lideranças.

Às lideranças cabe apoiar nos momentos difíceis e não ser um solucionador de problemas no nível operacional.

Mas, qual então a melhor forma de se organizar? Por departamentos? Por processos? Matricial pura ou balanceada?

Não existe fórmula mágica! Existe, sim, muito trabalho, muita análise e muita vontade para acertar e ter uma organização a mais responsiva possível.

Em palestras que realizo sobre este tema, gosto de relembrar quando a estrutura hierárquica foi criada.

Quando pergunto às pessoas há quantos anos a estrutura organizacional foi inventada, as pessoas, lembrando Taylor e Faiol logo falam: "há quase 100 anos"!

Capítulo 2 – A Estrutura (O Como)

Errado, a estrutura hierárquica vem da idade antiga, do tempo de Moisés. É isso mesmo, do tempo de Moisés; portanto, tem cerca de 3.300 anos (Cf. colocado por Chiavanetto[34], o qual relato abaixo em texto adaptado).

A seguir, transcrição de texto do Livro dos Êxôdos – Cap.18, v.13-27, encontramos uma passagem onde o sogro de Moisés, Jetro, vai ao seu encontro levando consigo sua filha, esposa de Moisés, e seus dois filhos.

Nesta visita, Jetro vê Moisés no deserto orientando o povo. Neste momento, Jetro fala a Moisés:

"Que é isto que fazes ao povo? Por que te assenta só, e todo o povo está em pé diante de ti, desde a manhã até o pôr-do-sol?

E Moisés respondeu:

É porque o povo vem a mim para consultar a Deus. Quando tem alguma questão, vem a mim, para que eu julgue entre um e outro, e declare os estatutos de Deus e as suas leis.

Jetro, porém, respondeu:

Não é bom o que fazes. Sem dúvida, desfalecerás, assim tu, como este povo que está contigo, pois isto é pesado demais para ti; tu não o podes fazer assim, sozinho. Ouve, pois, minhas palavras. Eu te aconselharei, e Deus seja contigo. Representa o povo perante Deus. Leva a Deus as suas causas, ensina-lhes os estatutos e as leis, e faze-lhes saber o caminho em que devem andar, e a obra que devem fazer. Procura dentre o povo homens capazes, tementes a Deus, homens de verdade, aos quais aborreça a avareza. Põe-nos sobre eles, por chefes de 1.000, chefes de 100, chefes de 50 e chefes de 10, para que julguem este povo em todo o tempo. Toda causa grave, trá-la-ão a ti, mas toda a causa pequena eles mesmos a julgarão. Será, assim, mais fácil para ti, e eles levarão a carga contigo. Se isto fizeres, e assim Deus to mandar, poderás então suportar; e assim, também, todo este povo tornará em paz ao seu lugar."

---

[34] Idalberto Chiavanetto: Livro *Introdução à Teoria Geral da Administração*.

E Moisés assim o fez.

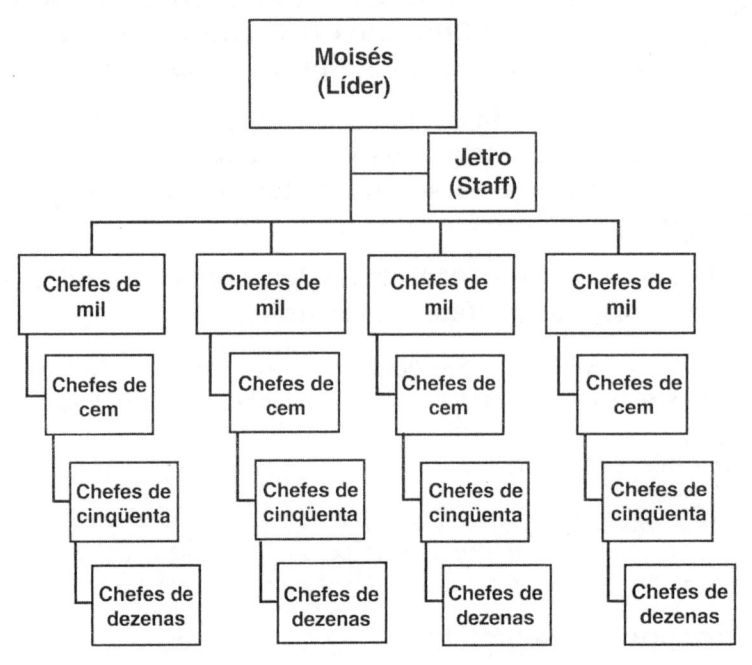

```
                    Moisés
                    (Líder)
                       |
                     Jetro
                    (Staff)
         ┌─────────┬─────────┼─────────┬─────────┐
     Chefes de  Chefes de  Chefes de  Chefes de
        mil        mil        mil        mil
         |          |          |          |
     Chefes de  Chefes de  Chefes de  Chefes de
        cem        cem        cem        cem
         |          |          |          |
     Chefes de  Chefes de  Chefes de  Chefes de
     cinqüenta  cinqüenta  cinqüenta  cinqüenta
         |          |          |          |
     Chefes de  Chefes de  Chefes de  Chefes de
      dezenas   dezenas    dezenas    dezenas
```

Figura 11: A hierarquia segundo Jetro.

Esta passagem bíblica ilustra bem há quantos anos estamos cunhando este modelo mental. Aliás, acho que se existe um bom exemplo de modelo mental, esta questão de estrutura organizacional ou hierárquica é o melhor exemplo.

Há 3.300 anos estamos discutindo esta questão e, detalhe com pouca variação, apenas alguns nomes diferentes, onde se lê Moisés leia-se Presidentes, Papas, Primeiros Ministros, Reis etc. Onde se lê chefes de mil, leia-se Diretores, Bispos, Ministros, Secretários e assim por diante.

Novamente, isto não quer dizer que se organizar desta forma não é bom, acho que é fundamental, pois, se vem resistindo há tantos anos é porque tem o seu mérito.

Mas, o que considero essencial neste tópico é que a estrutura organizacional só existe para manter a ordem e evitar o caos, e isso é o que deve ficar em nossas mentes!

Agora, voltando à questão da forma de se organizar, a melhor forma é aquela que considera fortemente a relação empresa-cliente e os micronegócios existentes dentro da empresa.

Cada micronegócio deve ter uma organização responsiva à consecução das tarefas e atendimento dos resultados.

Por exemplo, quando falamos em projetos de transformação, a liderança destes projetos de transformação poderá ter uma organização específica, caso a magnitude do mesmo se justifique, ou mesmo, ser conduzido por um líder de alguns dos micronegócios já existentes.

Outro ponto a salientar é que deve estar claro, similar aos processos, quem participa das ações nos processos primários e quem participa dos processos de apoio. Tal distinção é importante para assegurar o foco na sua linha de ação.

Então, quer dizer: esqueçam as estruturas antigas com Departamentos Financeiros, RH, Qualidade, Produção etc.?

Não, quer dizer que elas devem estar lado a lado, participando dos projetos de forma a apóia-los. A este modelo denominamos de estrutura matricial balanceada.

Uma estrutura matricial balanceada, de uma forma resumida, é aquela que se utiliza dos departamentos da empresa como apoio nas tarefas dos processos.

Quem lidera o time é o líder do negócio. Os líderes funcionais são responsáveis por ceder as pessoas para os negócios e manter o desenvolvimento das competências empresariais.

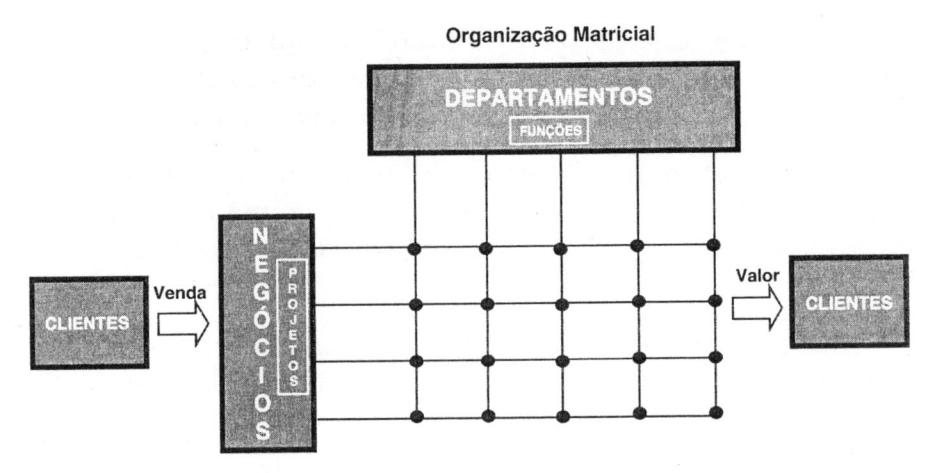

Figura 12: Organização com foco no cliente.

O foco maior deve ser dado onde o negócio acontece, ou seja, nos projetos que a empresa está conduzindo e seus produtos. É através deles que a empresa transforma uma vontade do cliente em algo concreto: o produto final e obtém o lucro desejado.

Por isso, os condutores do negócio devem ser pessoas com grande habilidade em gestão de negócio, de pessoas e excelente relacionamento com os clientes.

Curto, Médio e Longo Prazos...

Todas as vezes que iniciamos um processo de mudança, vem a pergunta: Quanto tempo vai levar para terminar tudo? **Lembre-se sempre: o fim é apenas o começo...**

Mas, então, não é possível ter metas de encerramentos em nenhum projeto? É possível sim!

Para isso, precisamos entender e exercitar a obtenção de resultados no curto, no médio e no longo prazo. O reconhecimento de que é possível obter ganhos no curto prazo é primordial, visto que atualmente os executivos precisam responder rapidamente e mostrar efetivamente se a iniciativa de mudança a ser sugerida agregará valor e o seu retorno sobre o investimento.

Outro fator importante é quanto à motivação do time envolvido no projeto, pois quando os primeiros resultados começam a aparecer há um aumento de motivação nas pessoas que já começam a colher os primeiros frutos da mudança.

Muitas vezes, encontramos projetos que sinalizam por resultados somente em longo prazo. Isto pode ser perigoso, pois não gera o senso de urgência necessário a projetos desta natureza, além do risco de acomodação e esvaziamento.

Certamente, muitos de nós conhecemos diversas histórias de projetos que foram iniciados e não chegaram ao seu final por completo, por perderem o seu senso de urgência, pelo esvaziamento, pela desmotivação das pessoas e pela perda de importância na empresa.

Construir então um plano de implantação que considere estas etapas é um fator crítico de sucesso.

O que então considerar em cada uma destas etapas?

É claro que dependerá muito de cada projeto, mas é possível enfatizar alguns pontos que poderão servir como reflexão.

No Curto Prazo

Na etapa de curto prazo, devemos considerar os resultados advindos de ações simples. Ações estas de padronização dos processos e procedimentos, alinhamentos com a alta direção na comunicação da visão da obra e na pactuação de metas estratégicas.

É momento também de se mapear os modelos mentais existentes e analisar aqueles que precisam ser transformados sendo fonte de ganhos iniciais e que já sinalizam para a organização alguns benefícios.

Além destas, outras melhorias pontuais que facilitem o dia-a-dia das pessoas podem ser perseguidas, mas já alinhadas ao objetivo maior, ou seja, a visão da obra.

No Médio e Longo Prazos

Nestas duas etapas, é importante gerar um plano de "entregas" de resultados que devem estar sinalizando para as pessoas do time do projeto e para a organização que os objetivos estão sendo atingidos, as melhorias nos diversos pilares estão acontecendo e gerando resultados.

Quando falamos de projetos em que há um alto grau de verticalização, como é o caso de uma obra civil, é relativamente simples estabelecermos metas de médio e longo prazos. Mas, quando se trata de projetos em que existe uma complexidade de relações interpessoais com alto grau de dependência, a coisa é mais complicada. Mas, mesmo assim, é possível estabelecer objetivos mensuráveis.

A ocorrência de vitórias de curto e médio prazos devem ser buscadas desde o início e devem ser motivos de comemoração, recompensa e principalmente de motivação para a continuidade e constante busca da visão desejada.

Fixando o Essencial

- Entender a magnitude da mudança é muito importante;

- Saber criar e entender os cenários externos e internos é o primeiro passo para verificarmos o salto a ser dado;

- Desmistificar a eficiência através dos quatro pilares de sustentação: pessoas, processos, infra-estrutura e organização com potencialização da visão da floresta;

- Desenvolver pessoas com foco na organização de aprendizagem;

- Entender que as estruturas são meios ou viabilizadores para as pessoas atingirem os resultados desejados;

- Entender que é possível alcançar os primeiros resultados já no curto prazo.

CAPÍTULO 3
▼
O Acabamento (Onde)

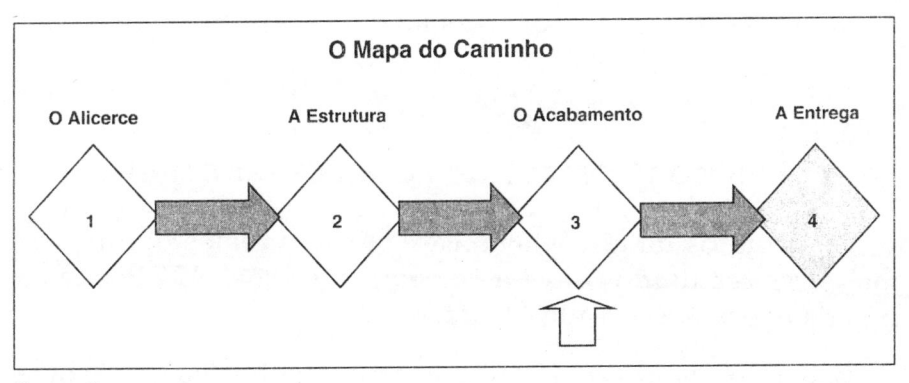

O Mapa do Caminho

O Alicerce — A Estrutura — O Acabamento — A Entrega
1 → 2 → 3 → 4

Passo 3

Este capítulo trata da realização do acabamento da obra. Nele estarei abordando o detalhamento dos projetos de transformação e descobrindo os projetos de alta alavancagem.

Neste, detalharei:

- As Ações de criação e priorização dos projetos de alta alavancagem;
- A elaboração dos planos de ação para estes projetos com a designação de respectivas responsabilidades;
- O controle e as reuniões de acompanhamento para correção de rumo.

O acabamento, como em toda obra civil, tende a ser a etapa mais importante, sob o ponto de vista da estética, e a mais dispendiosa se não tomarmos cuidado onde e porque investirmos nossos recursos. Na empresa também é assim. Por isso, é preciso ter muito cuidado.

No capítulo anterior, criamos uma priorização com foco nas ações em prazos específicos, não nos preocupando, no primeiro instante, se estas ações eram efetivamente de alta ou baixa alavancagem.

Podemos inferir, também, quando falamos em projetos de alta alavancagem, se estes podem se enquadrar na categoria de médio ou longo prazo, pois dizem respeito à quebra de modelos mentais indesejáveis que demandam um maior tempo para serem modificados ou extintos. Normalmente isso ocorre de fato, mas não quer dizer que isto é uma lei.

Descobrindo Projetos de Alta Alavancagem

Os projetos de alta alavancagem são aqueles em que os melhores resultados advêm de pequenas ações focalizadas e não de ações em grande escala.

Este fator, por si só, já faz uma grande diferença, pois derruba o mito de que mudanças representativas precisam de ações em grande escala e investimentos exorbitantes.

Para saber onde "apostar as fichas" na hora da escolha dos projetos de alta alavancagem será necessário realizar algumas tarefas.

A principal tarefa é aquela baseada no entendimento do diagnóstico realizado com antecedência. Este permitirá descobrir os principais modelos mentais da organização a serem avaliados e sua dinâmica organizacional.

Capítulo 3 – O Acabamento (Onde)

Após a determinação destes pontos, deve-se escolher aquele onde a regra do pareto é aplicável, ou seja, aquele em que aplicando 20% do esforço posso resolver 80% dos problemas ou desvios. Estes são os projetos de alta alavancagem.

Por exemplo, imaginemos a história de uma empresa de projetos de engenharia e infra-estrutura civil para um certo setor da indústria. Esta empresa costuma ter sempre problemas na entrega de seus projetos.

"Preocupada com os constantes atrasos, ela contrata mais uma dezena de projetistas para agilizar o desenvolvimento dos projetos por solicitação dos envolvidos que reclamam de sobrecarga. Não obstante, esta ação não só não surtiu efeito como aumentou os ciclos dos projetos.

O gerente responsável, em função dos novos funcionários, anda reclamando que a demanda sobre ele e seus supervisores aumentou, pois as cobranças por mais definições e por apoio se intensificaram.

Novos projetos continuam sendo contratados com os mesmos ciclos padrões, que não são atualmente atendidos pela empresa.

O nível de entendimento dos requisitos solicitados pelos clientes continuam sendo relegados a segundo plano, com informações insuficientes.

O quadro é deteriorado em face das extensas discussões pelo fato de não se entender corretamente o que o cliente quer.

O espaço físico atual não comporta todo o time de projeto, exigindo que uma casa próxima ao local da empresa seja alugada, de forma a alocar os novos projetistas e suas ferramentas.

Com o distanciamento das equipes, o número de erros nos projetos aumentou bastante, o que também se refletiu no aumento dos prazos.

Os clientes já estão reclamando dos sucessivos atrasos, alguns não estão pagando as parcelas conforme combinado e já falam em cancelar contratos.

> *Novamente, preocupados com a reclamação dos clientes e principalmente com os fracos resultados econômicos, os diretores já pensam em aumentar novamente as equipes de projetos, e o processo de reforço se inicia novamente...*"[35]

Acho que todos vocês já perceberam onde esta história vai terminar.

Esta dinâmica organizacional tem de ser quebrada de alguma forma.

Alguém poderia ainda sugerir ações de melhoria no processo de projetos com a implantação de sistemas mais avançados, de maior agilidade, que certamente não gerariam os resultados necessários pelo simples motivo de não atacar o ponto fundamental desta dinâmica.

Se analisarmos com cuidado este quadro, é possível verificarmos que o problema do não atendimento dos prazos nos projetos não é a falta de projetistas. O fator principal é a indefinição dos requisitos dos projetos; aí está a alta alavancagem. Este fato gera dúvidas e prolonga sobremaneira os ciclos dos projetos em função das longas discussões que ocorrem para se tentar entender o desejo do cliente.

Mas, ao invés de investir na busca por maior definição durante a fase de venda do projeto e na respectiva construção dos requisitos do cliente realizando um anteprojeto mais detalhado, a empresa optou por investir na contratação de mais projetistas, que aumentaram os custos do projeto e seu ciclo de elaboração. Esta situação praticamente inviabilizou o crescimento da empresa.

Caso tivéssemos aplicado o raciocínio sistêmico e buscássemos o princípio da alta alavancagem, certamente as ações e investimentos seriam na melhoria das relações com o cliente e a correta interpretação dos seus desejos, ao invés de

---

[35] Metáfora adaptada pelo autor de história verídica.

mais projetistas. A maioria dos engenheiros projetistas sabem como é importante entender a vontade do cliente, transformando-a em requisitos claros para, somente então, a partir daí, gerar um anteprojeto robusto.

Precisamos desenvolver esta capacidade para produzirmos projetos e ações de alta alavancagem.

Neste ponto é importante fazer uma reflexão sobre o histórico das mudanças mal-sucedidas. Não estaria aí a razão pelos insucessos? Não houve a correta compreensão da dinâmica organizacional a que a empresa estava submetida.

Às vezes podemos obter grandes saltos, gastando pouco e com ganhos expressivos pelo simples fato de atacar pontos de alta alavancagem.

Os Planos de Ação para a Mudança

Elaborar planos de ação para acompanhar as mudanças necessárias não é e não pode ser complexo, pois do contrário as pessoas desistiriam de fazê-los, correndo-se o risco de não se saber como conduzir a transformação.

O plano de ação deve ser entendido como o veículo de comunicação da mudança. Este deve ter uma estrutura tal que permita com que todos, eu disse todos, os envolvidos possam entender o seu conteúdo, o time envolvido, as metas, a abrangência etc.

Particularmente, gosto de estruturar os planos da seguinte forma:

Resumo Gerencial

I.   Antecedentes

II. Objetivo

III. Escopo

IV. Abordagem

V. Plano de trabalho

VI. Prazos e custos

VII. Resultados desejados

VIII. Organização, Equipe e Atribuições

IX. Anexos

Esta seqüência nos permite comunicar todo o conteúdo do projeto e cria a necessária referência na atividade de gerenciamento e controle da mudança.

Cabe ressaltar alguns aspectos importantes.

No Capítulo II. Objetivo:

É importante que haja muita clareza na definição do objetivo. O objetivo deve estar alinhado com a visão desejada e não pode de forma alguma ser apenas um meio. Por exemplo, implantar um sistema de informática, implantar um processo etc. Estes são claramente um meio!

Nos Capítulos III, IV, V, VI e VII:

Estes, são aqueles que darão a clareza da obra, ou seja, qual a transformação a que se busca com um bom conjunto de detalhes e os resultados advindos desta implantação.

No Capítulo VIII. Organização, Equipes e Atribuições:

Deve-se tomar muito cuidado. Normalmente, escutamos as pessoas dizerem que falta um dono para esse ou aquele projeto. Porém, há de se ter atenção para, ao invés, de se ter um dono se arranjar um culpado.

A existência de um responsável para o projeto é importante sim, porém há diversos níveis de responsabilidades, dependentes do tipo de projeto.

Quando se tem um projeto do tipo verticalizado, por exemplo, uma obra civil, o líder possui um maior controle sobre os recursos do projeto, pois estes, na sua grande maioria, estão sob o seu comando.

Porém, quando temos projetos que envolvem diversas áreas da empresa em que é necessário o engajamento da organização como um todo, como por exemplo um programa de transformação amplo com uma estrutura organizacional matricial, deve-se tomar muito cuidado para não haver o afastamento da liderança da empresa, com conseqüente diminuição do comprometimento. A equipe do projeto deve conter pessoas com capacidade, responsabilidade e com representatividade dentro da empresa. Lembrem-se dos conselhos de Jetro!

O Controle e Reuniões de Trabalho

A tarefa de condução de um projeto de transformação não é tarefa fácil, aliás, é uma árdua tarefa. Consome muito tempo dos envolvidos e há que se cuidar para não se deixar absorver por um volume enorme de atividades operacionais e deixar de realizar os alinhamentos estratégicos com as lideranças, necessários a projetos desta natureza.

Assim, uma forma de conduzi-los é a criação de uma sistemática de controle e alinhamento que permita que as pessoas envolvidas discutam detalhes operacionais, táticos e estratégicos.

Neste contexto, a forma de fazer esta sistemática funcionar certamente deve se ajustar à cultura da empresa e às pessoas envolvidas. Mas, não obstante, acho importante sugerir uma forma macro de controle que possa servir de base para a implantação nas empresas.

Em primeiro lugar, é muito importante que projetos desta natureza consigam estabelecer os principais resultados desejados e seus respectivos "deliverables"[36], ou seja, saídas concretas. Estas saídas podem ser: relatórios, produtos, ensaios, projetos, vendas, enfim tudo aquilo que for possível de se verificar e se constatar fatos e dados.

Utilizar como resultado apenas percentuais de andamento físico ou medições subjetivas é muito temerário, pois tal fato pode mascarar o verdadeiro resultado.

Quando os resultados são associados a dados concretos, fica fácil fazer o controle do atingimento das metas e sua respectiva aceitação.

Assim, muito do sucesso de uma boa gestão e controle dos projetos de transformação se inicia na concepção dos planos para a consecução das mudanças. Planos elaborados com um nível de detalhe adequado, especificando resultados intermediários, formas concretas de reconhecimento de atingimento dos marcos estabelecidos e clareza nas principais metas do programa são meio caminho andado para o sucesso.

Reuniões de Trabalho

Após ter assegurado que o plano contém "deliverables" concretos e representativos, devemos estabelecer a sistemática de condução das reuniões de trabalho e avançamento. Às vezes, parece-nos engraçado nos referir a reuniões como

---

[36] *Deliverables*, do inglês: entregas.

reuniões de trabalho. Mas, muitas vezes, as pessoas pensam que reuniões não são trabalho, são somente para se bater papo e fazer o tempo passar mais rápido.

Não, as reuniões, se bem aproveitadas, podem trazer grande ajuda na tomada de decisão, principalmente para aquelas que devem ser decisões colegiadas.

As reuniões devem ser estruturadas com antecedência, baseadas em fatos e dados. Deve-se assegurar que os participantes estejam disponíveis e convocá-los com a antecedência necessária. Além disso, devem ser esclarecidos o objetivo, a pauta e o nível de profundidade da abordagem a ser dada na reunião.

Durante a reunião, logo no seu início, devem ser repetidos e ficarem claros o objetivo e as etapas da reunião. Assegure a participação de todos e uma condução serena com foco e de forma a se cumprir o que foi estabelecido. Assuntos outros que forem trazidos à mesa devem ser anotados e serem motivo de futuras reuniões, se for o caso.

Ao finalizar, deve-se resumir os pontos principais, quais foram as principais decisões, formalizando-os em ata.

Ao utilizar este roteiro para reuniões, certamente haverá um ganho de produtividade e agilidade nos projetos e suas decisões.

Outro ponto muito importante para fazer com que a sistemática de reuniões de visibilidade seja um sucesso, é a participação efetiva das pessoas importantes da empresa que devem estar engajados no projeto.

John Kotter[37] discorre, de forma muito eficaz, sobre a participação das pessoas certas na formação da chamada coalizão administrativa.

---

[37] John Kotter – *Liderando Mudança*.

A existência de coalizão administrativa é fator crítico de sucesso. O fato de que grandes executivos podem conduzir sozinhos as transformações é um mito que vem sendo paulatinamente derrubado.

A condução de projetos de transformação exige uma força vigorosa para sustentar o processo. É humanamente impossível, uma só pessoa, ou um pequeno grupo, realizar todas as ações necessárias para conduzir corretamente estes projetos.

Ainda segundo Kotter, para a formação de uma coalização administrativa eficaz deve-se iniciar por encontrar uma liderança adequada, procurando-se atender a quatro características:

i. *Poder de posição:*
Pessoas-chaves (executivos) em quantidade suficiente;

ii. *Especialização:*
Representação adequada da experiência e cultura da empresa para a eficaz tomada de decisão;

iii. *Credibilidade:*
Pessoas suficientes na equipe com boa reputação na empresa para que suas declarações sejam levadas a serio;

iv. *Liderança:*
Número suficiente de líderes competentes para conduzir o processo de mudança.

O sucesso do projeto de transformação está intimamente ligado à capacidade de se estruturar um time com estas características.

A falta de pessoas com estas características, em quantidade e qualidade, é normalmente um dos erros mais comuns nos projetos de transformação.

Parece mentira, mas é isso mesmo que ocorre. Normalmente as empresas querem fazer mudança ou transformação, mas querem eleger um grupo para "tocar" o projeto e julgam que já fizeram a sua parte.

Coalizão administrativa não é isso. Dizer que concorda e está alinhado com o projeto. Coalizão administrativa é sim ceder tempo da agenda, pessoas e vontade de realizar saltos de melhorias.

Fixando o Essencial

- É fundamental descobrir projetos de alta alavancagem. Estes geram resultados duradouros e otimizam recursos;

- Devem-se elaborar os planos de ação para a transformação desejada. Estes devem ser claros, objetivos e ser o veículo de comunicação do projeto;

- Acompanhar e controlar, portanto, gerir o projeto de transformação é tarefa imprescindível;

- Reuniões de visibilidade devem suportar o processo decisório e devem ser entendidas como reuniões de trabalho;

- Buscar a coalizão administrativa e fazê-la entendida e praticada, pois, do contrário, pode-se levar o projeto de transformação ao insucesso.

CAPÍTULO 4
▼
A Entrega da Obra

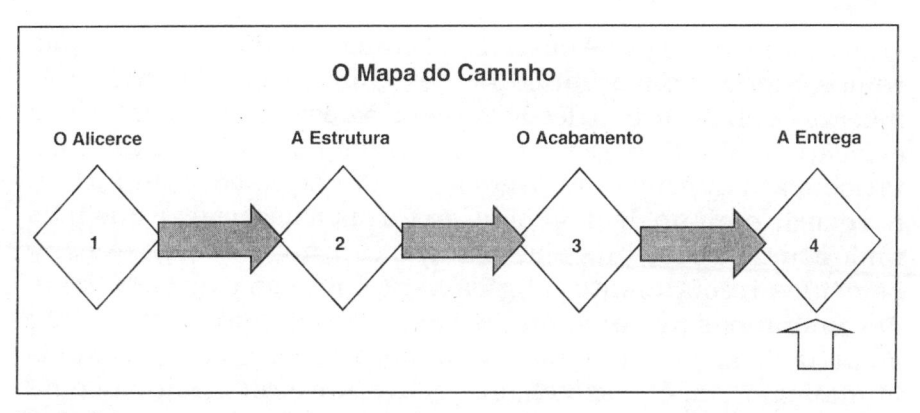

O Mapa do Caminho

O Alicerce — 1 → A Estrutura — 2 → O Acabamento — 3 → A Entrega — 4

Passo 4

Este capítulo trata da realização da entrega da obra. Na verdade, uma entrega simbólica, visto que o fim é apenas o começo. Não se esquecendo também, que pequenas entregas já ocorreram nos ganhos obtidos no curto prazo.

Neste capítulo, estaremos detalhando:

- A operacionalização (Enfrentando o teste de fogo!);
- As melhorias (Aceitando que erros acontecem).

Estaremos discorrendo sobre como (mesmo que simbolicamente em alguns casos) entregar o resultado final de um projeto de transformação. Reforçando, sempre, que esta é apenas uma etapa vencida, pois é a partir deste ponto que se inicia a incorporação do desejo de mudança na empresa, transformando-a numa organização de aprendizagem.

Este é um momento muito importante do projeto. Além de haver a necessidade de comemorar as vitórias, pois o time trabalhou arduamente para chegar lá.

Será necessário também não esmorecer, reforçar alinhamentos, reforçar engajamento, atualizar planos, treinamentos, enfim, é a hora de assegurar que tudo está certo para possibilitar a utilização do modelo escolhido da melhor forma possível.

No Capítulo 1 "O Alicerce", criamos a visão de onde queremos chegar com a implantação de um projeto de transformação. Certamente, o desdobramento desta visão resultou na criação de objetivos a serem atendidos no nível estratégico, tático e até operacional. Agora, nesta etapa, será importante revisar o plano de negócios, de forma a assegurar que haja uma atualização, ou seja, um ajuste fino, nas metas estabelecidas inicialmente. Logicamente, não se esperam grandes mudanças de rumo ou de valores finais, pois estes virão a partir de algumas semanas ou meses após a introdução da mudança. Mas, é possível, sim, reavaliar e redirecionar pontos que durante o detalhamento foram mais bem entendidos e clarificados.

Mas, talvez, mais importante do que o refinamento dos planos será manter o engajamento da liderança em alta.

Compromisso Sustentado

É imprescindível, neste momento crucial, que a liderança (alta cúpula) continue a providenciar um engajamento visível e consistente. Pois é nesta hora que as pessoas que não estavam diretamente envolvidas com a mudança estarão imergindo no projeto e sendo solicitadas a agir. Certamente, haverá ainda resistências a serem vencidas e, por isso, o engajamento da liderança sinalizando para a importância do projeto facilitará a quebra destas resistências. Idealmente todos deveriam participar desde o início, mas sabemos que a realidade das empresas dificulta tal situação em face do volume de pessoas envolvidas.

É importante exemplificar este tópico utilizando-se do relatório de *benchmarking* elaborado pela empresa de consultoria americana Prosci em 2003 ouvindo 288 empresas de 51 países participantes.

Este estudo, transformado posteriormente em relatório, investigou quais eram as melhores práticas na gestão da mudança.

Uma das conclusões deste relatório foi que um dos grandes contribuidores para o sucesso da implantação da mudança foi o efetivo e forte apoio dos patrocinadores do projeto.

Entre as ações citadas estavam:

1. Mostrar suporte ativo e visível, pessoal e profissional;
2. Assegurar que a mudança se mantenha como prioridade;
3. Demonstrar seu comprometimento, de maneira geral, com o modelo da mudança;
4. Providenciar justificativa do porquê de a mudança estar acontecendo;
5. Comunicar o claro entendimento das metas e objetivos da mudança;
6. Fornecer recursos suficientes para o time e projeto, a fim de obter o sucesso.

O compromisso sustentado de forma a fazer com que o projeto de mudança seja um sucesso só é obtido com a prática destas ações de patrocínio.

Estas ações em muitos projetos são negligenciadas. Muitas vezes, há o apoio público, mas nas rodas de café ou em conversas individuais sabotam o projeto sem perceber que, muitas vezes, podem estar dando um "tiro no próprio pé".

Além de assegurar este compromisso, existem outras ações que também preparam o terreno para a iniciação e de melhorias dos projetos. São as questões que versam sobre os aspectos de prontidão, transferência de conhecimento e de treinamento. Eu resumo estas três em apenas prontidão, que precisa ser assegurada e reforçada.

Prontidão

A palavra prontidão pode, a princípio, soar estranho, mas reflete exatamente o estado que todos precisam estar: é preciso estar **pronto**.

Um dos caminhos para verificar se estamos prontos é começar a rever e identificar novas oportunidades, barreiras e pontos de nivelamento que precisam ser trazidos para a discussão nesta etapa.

Certamente, no decorrer do desenvolvimento do projeto, foi possível através das constatações, enxergar novos pontos e obter "achados" importantes que poderão enriquecer o projeto. É também uma oportunidade para se reavaliar os planos de implantação, seus riscos e caminhos críticos.

Uma outra forma de verificar a prontidão é assegurando-se que haja uma completa transferência de conhecimento entre os membros do time e as demais pessoas.

Esta talvez seja a única garantia, no momento, de que as pessoas estarão utilizando as estruturas modificadas pela transformação introduzida.

Uma forma de assegurar uma boa transição nesta fase é a realização de ensaios, testes e atividades que requeiram o envolvimento das pessoas executoras e também através da passagem do conhecimento dos diretamente envolvidos no projeto por meio de treinamento individual, entre as pessoas, daquela atividade ou tarefa empresarial.

Os treinamentos formais realizados durante a fase de detalhamento do projeto, devem nesta fase ser praticados e reforçados naqueles pontos em que ainda existam algumas dificuldades.

O Go-Ahead[38]

Após todas as verificações acima, testes e mais testes, chegou a hora de formalizar a iniciação do projeto e de fato colocar para rodar.

Seja uma inovação qualquer ou o lançamento de uma nova metodologia, é o momento de verificar na prática se as pessoas estão aplicando e usando o que foi acordado, pactuado e construído em conjunto.

Portanto, é a hora de lucrar com os esforços e recursos despendidos, ou melhor, investidos no futuro, pois conforme Joseph Schumpeter[39], a inovação é a principal força-motriz para o crescimento da economia e a base de uma vantagem competitiva sustentável.

---

[38] *Go-ahead*, do inglês: lançar; iniciar.

[39] Joseph Schumpeter: economista austríaco.

A partir do *go-ahead*, sinaliza-se para a empresa que aquela transformação é de fato importante e tem todo o apoio das lideranças, pois foi criada em função de uma visão clara e robusta e em alinhamento com os objetivos estratégicos estabelecidos.

O Teste de Fogo

E o teste de fogo, o que é? É somente colocar para rodar?

Não somente! O teste de fogo é também manter a chama do projeto acesa. É não deixar as pessoas esmorecerem ao primeiro obstáculo. É criar mecanismos de automotivação e de continuidade para que as pessoas não sucumbam ao longo desta jornada.

As pessoas precisam perceber, aceitar e se conscientizar que trabalhar em transformação ou melhorias não é algo a mais no seu papel e responsabilidade. É sim, parte do seu trabalho e às vezes, na maioria das vezes, a parte mais gratificante e desafiadora do papel das pessoas. A rotina é apenas rotina, e assim deve ser tratada.

Com isso, não estou querendo dizer que a rotina não é importante. É muito importante, pois desta provêm o resultado e o faturamento da empresa. Mas, é importante também que as pessoas não se escondam atrás das tarefas diárias dizendo que não têm tempo para atuar nisto ou naquilo. Principalmente se isto ou aquilo, levam-nas a ter de sair da zona de conforto ou o do famoso "status quo".

As Melhorias (Aceitando que Erros Acontecem)

Normalmente após algum período da implantação, verifica-se que alguns resultados desejados não estão ocorrendo conforme o planejado. Este fato pode gerar, em maior ou menor grau, problemas, crises, críticas ou até mesmo abandono de pessoas.

Porém, é muito importante que haja a conscientização dos envolvidos na empresa de que o planejamento e as metas devem ser perseguidas sempre, mas nunca acertaremos na mosca no primeiro tiro. Devemos sim tentar acertar o mais próximo da mosca, mas se isso não ocorrer, devemos entender que acertar no alvo já está muito bom.

Este fato traz à tona que é preciso criar quais são os critérios de sucesso para os projetos de transformação, pois, desta forma, inicia-se um forte trabalho de alinhamento e nivelamento de expectativas logo no início do projeto.

Outra questão importante é que à medida que a implantação avança, pontos de melhorias começam a aparecer e até mesmo a equipe pressiona para que sejam aproveitadas as oportunidades que se apresentam. Neste momento é importante que a equipe gerenciadora do projeto faça uma análise detalhada, os famosos "trade-offs"[40], para tomar a decisão de implantação.

Todo cuidado deve ser tomado para que não haja a perda de foco em função das melhorias. Lembrando que o básico é o que importa.

---

[40] *Trade-offs*, do inglês: trocas; escolhas.

Fixando o Essencial

- É fundamental nesta etapa que todos os compromissos de engajamento sejam reforçados e sustentados;

- Deve-se assegurar que a prontidão para se iniciar a implantação ocorreu e que tudo corre bem. Não se pode colocar em risco a operação da empresa;

- Deve-se elaborar os planos de ação para a transformação desejada. Estes devem ser claros, objetivos e ser o veículo de comunicação do projeto;

- Deve-se trabalhar com muito afinco para manter a chama do projeto acesa. Não se pode esmorecer;

- O teste de fogo é assegurar a continuidade do projeto.

Conclusão e Comentários

Por fim, estaremos discutindo pontos-chave para a condução de projetos de transformação. Neste contexto, os assuntos abaixo estarão sendo abordados:

- O fim é, realmente, apenas o começo...
- Próximos passos, novos patamares de ação...

Figura 13. Conclusão e Comentários

Após esta longa caminhada através do mapa do caminho, ou como os americanos gostam de dizer em inglês: *Road Map*, trilhamos as etapas que julgo primordiais para realizar uma mudança ou transformação.

Mas por que o fim é o começo? Qual o significado mais profundo desta frase?

O Fim é, Realmente, Apenas o Começo...

Trabalhar com processos de transformação exige das pessoas muita paciência, diligência, perseverança e, acima de tudo, vontade e crença naquilo que você se dispôs a fazer.

O mundo está cada vez menor. A tal da globalização faz com que uma ação realizada no extremo oposto do mundo seja conhecida segundos, minutos, horas depois.

O reflexo desta ação pode ser avaliado rapidamente, fazendo-se com que os cenários até então adotados tenham de ser repensados ou alterados do dia para a noite.

A tragédia de 11 de setembro de 2001, nos Estados Unidos, fazendo despencar dois imensos ícones da pujança americana, agravada ainda mais pela morte de muitas pessoas envolvidas, é o exemplo mais claro deste fato.

As pessoas acompanharam, em todo o mundo, quase imediatamente após o impacto do primeiro avião o que ocorria.

As bolsas do mundo inteiro sofreram o impacto tremendo desta ocorrência. As ações das companhias áreas despencaram, o mundo atônito não possuía dados claros para prever como seriam as próximas semanas ou os próximos meses.

Conclusão e Comentários

Posteriormente, as empresas aéreas tiveram de rever todo o seu planejamento. Dezenas de milhares de pessoas foram demitidas em função da crise desencadeada pelo episódio. Os fabricantes de aeronaves e seus parceiros obrigatoriamente também tiveram que se adequar ao novo cenário e até hoje estamos pagando o preço dessa catástrofe.

Assim como este evento, milhares, centenas de milhares de outros eventos estão ocorrendo no Brasil e no mundo. Certamente alguns destes fatos já estão ou estarão gerando impacto no negócio da sua empresa ou mesmo na sua vida. Entender estes fatos e analisá-los, verificando o impacto destes nos seu dia-a-dia, é tarefa primordial para que você continue no negócio de forma competitiva e rentável.

No momento que escrevia este livro em 2002, estávamos vivendo um momento extremamente delicado. Estávamos, aqui no Brasil, próximos às eleições para presidente, senadores, governadores e deputados.

O mercado de ações e risco do País vinha oscilando à mercê das pesquisas que colocavam Lula como forte candidato a ganhar a vaga para Presidente da República, acompanhado de longe por Serra e posteriormente por Garotinho e Ciro, nesta ordem.

Questionava-se até se haveria ou não 2º turno. Tal situação fez com que a bolsa de valores de São Paulo e o dólar sofressem fortes variações em função da especulação e da pressão internacional pela insegurança de um candidato de oposição ou de "esquerda" poder ganhar as eleições.

No final, Lula ganhou as eleições e o mercado não ruiu. Não ruiu porque a forma com que foi conduzida a transição entre os dois governos foi muito profissional com forte patrocínio do governo de Fernando Henrique e equipe de transição. Além da sinalização da manutenção da austeridade monetária.

Tal fato gerou no mercado mundial e no FMI uma maior confiança no novo governo. Realmente a esperança venceu o medo.

Este foi um bom exemplo de situação que pode gerar ações na sua empresa de modo que mudanças ou transformações precisem ser realizadas rapidamente.

Portanto, os cenários externos estão, a todo o momento, sinalizando para nós que pode ser preciso mudar, transformar, flexibilizar, otimizar, resguardar... Etc.

Mas, são só estes fatos que nos exemplificam que o fim é apenas o começo? Claro que não!

Os cenários internos, sua visão, verificação e constatação de que a mudança faz parte do nosso dia-a-dia são também alavancadores desta pré-disposição à mudança.

Hoje, mais do que ontem e menos do que amanhã, é preciso **saber que a rotina e a mudança caminham juntas**.

Fechar os olhos para este fato e achar que o mundo é estático e que as ações no mundo são independentes é permitir que em breve sua empresa venha a sucumbir.

Lembro-me de um artigo extremamente valioso, de Theodore Levit, intitulado Miopia em Marketing, em que este em 1950 descrevia o porquê do desaparecimento ou quase de algumas empresas. Na sua grande maioria, a razão foi a de não entender as vontades dos clientes e de não entender as sinalizações do mercado e tomar as ações necessárias e alinhadas àquelas sinalizações.

Uma organização estagnada, que possui um alto nível de complacência entre as pessoas, que não altera o "status quo" periodicamente, certamente pode estar sendo levada à condição acima.

Em 1950, mesmo com a velocidade das ações de forma lenta estes impérios ruíram. Hoje, muito mais do que ontem, não podemos nos deixar levar pela inação ou pela cegueira empresarial.

As empresas, principalmente algumas grandes, possuem uma inércia para ação. Tendem a seguir os padrões e as estratégias anteriores, mesmo que o cenário sinalize para a necessidade de profundas mudanças. Esta inércia é uma das causas de falha e quebra de empresas.

É preciso estar continuamente monitorando os cenários externos e internos. Analisando as dimensões dos quatro pilares, verificando suas necessidades, principalmente, quando falamos em pessoas de sua empresa. Estas devem estar sendo desenvolvidas e desafiadas continuamente.

É por isso que repito e reforço que o fim é apenas o começo. Na verdade, é preciso se conscientizar de que as mudanças são necessárias para que, como o próprio artigo de Levitt sinaliza, não fiquemos míopes ao mundo exterior, olhando para o umbigo, achando que estamos na rota correta.

Quando este discernimento ocorre, certamente, os empresários deixam de encarar esse bicho mudanças como apenas perfumaria ou como modismo.

Querer implantar uma nova tecnologia ou metodologia e, portanto, mudar algo, deve estar alinhado ao contexto acima. Devo mudar porque quero crescer, ser melhor nisto, ser o primeiro e ter mais lucros, desenvolver pessoas etc.

E os próximos passos? O que vêm a ser novos patamares de ação?

Próximos Passos, Novos Patamares de Ação...

À medida que as pessoas de sua empresa aderem à mudança, quase que intuitivamente elas iniciam um processo de busca por melhores resultados, que, por sua vez, geram melhores resultados, que alteram os patamares da ação. A criação e manutenção deste modelo mental e círculo virtuoso reforçam a necessidade da continuidade de grandes saltos.

À medida que as pessoas começam a operar nestes novos patamares de excelência, fica muito difícil retornar à posição anterior. Não é crescer por crescer, mas, sim, crescer para evoluir, criar novos desafios.

O ser humano precisa estar sempre buscando novos e maiores desafios. As empresas precisam estimular esta possibilidade. Este é, sem dúvida, o verdadeiro ganha-ganha.

É também nítido que os próximos passos devem abordar seriamente a questão pessoas e suas equipes.

Quem são os donos do futuro? Lembrando Shinyashiki, os donos do futuro são aqueles que conseguem integrar competitividade com humanismo.

Uma empresa que consegue entender e disseminar esta cultura consegue atingir resultados melhores e mais rápidos.

Quando falamos anteriormente que as pessoas são aquelas que fazem e acontecem nos referimos a isto.

O alcance dos resultados, a busca incansável de uma dada visão só é realizada pelas pessoas.

A construção do futuro é resultado. "O futuro é a colheita do que você plantou e está plantando. E esse futuro é dinâmico, não respeita sobrenome. Sucesso no passado não é garantia de vitórias no futuro."[41]

Cada vez mais, o mundo está sinalizando para que os líderes enfoquem a questão PESSOAS de forma séria e profun-

---

[41] Roberto Shinyashiki – *Os Donos do Futuro*.

da. Os resultados do futuro só são obtidos através de equipes coesas, cooperativas, éticas, que sabem se relacionar, que possuam visão sistêmica. Novamente, não adianta fechar os olhos e achar que estas coisas, como dizem, "são para inglês ver".

Os próximos passos são aqueles que farão as pessoas de seu time, de sua família ou de sua roda social entender o valor deste relacionamento, deixando modelos mentais indesejáveis de lado. Rompendo as barreiras de forma a fazer com que a tarefa de construção do futuro seja uma tarefa prazerosa, feliz e gratificante, agradecendo a Deus o milagre de estar VIVO!

Referências Bibliográficas

BAUER, Rubem. *Gestão da Mudança – Caos e Complexidade nas Organizações.* Atlas, 1999.

CHIAVENATO, Idalberto. *Introdução à Teoria Geral da Administração.* Campus, sd.

CHOPRA, Deepak. *Conexão Saúde.* Best Seller, 3ª ed., 1987.

CHOPRA, Deepak. *As Sete Leis Espirituais do Sucesso.* Best Seller, 16ª ed., 1994.

COVEY, Stephen R. *Os 7 Hábitos de Pessoas Altamente Eficazes,* Best Seller, 19ª ed., 1989.

COVEY, Stephen R. *Liderança Baseada em Princípios.* Campus, 2002.

EDLER, Richard. *Ah, Se Eu Soubesse...* Negócio, 1997.

HEHN, Herman F. *Peopleware.* Gente, 1999.

KOTTER, John. *Liderando Mudanças.* Campus, 1997.

LEE, Blaine. *The Power Principle*, Covey Co, 1998.

ODEBRECHT, Norberto. *Tecnologia Empresarial Odebrecht*, Odebrecht, 3ª ed., 1998.

JAMES C. Collins e JERRY I. Porras. *Feitas para Durar*. Rocco, 1995.

PORTER, Michael. *Vantagem Competitiva*. Campus, 1989.

SENGE, Peter M. *A Quinta Disciplina*. Best Seller, 1990.

SHINYASHIKI, Roberto. *Os Donos do Futuro*. Gente, 2000.

Sumo Pontífice João Paulo II. Carta Encíclica – *Fides et Ratio*, 1998.

TZU, SUN. *A Arte da Guerra*. Record, 2000.

Outros Títulos Sugeridos

Gestão de Processos e Gestão Estratégica
Autor: Léo Grieco de Almeida
Formato: 16 x 23
Páginas: 152

Este trabalho não pretende ditar normas, nem "engessar" as empresas. Ao contrário, busca transmitir conceitos, experiências e exemplos para ajudar os administradores em geral. Segundo o autor, cada organização – assim como cada um de nós – é um caso único que necessita ser tratado de forma específica à sua realidade, através de projetos, planos de ação e processos adequados a cada caso. Assim, Léo Almeida faz um convite para que o leitor agregue o valor do seu conhecimento e experiência da sua empresa e do seu negócio, utilizando o conteúdo deste livro como uma ferramenta para ajudar no desenvolvimento e na gestão do seu plano de sucesso.

Relações Interpessoais e Qualidade de Vida no Trabalho
Autora: Edina de Paula Bom Sucesso
Formato: 16 x 23
Páginas: 200

Ao contrário da maioria dos livros técnicos, nos quais modelos de Gestão Empresarial são apresentados como fórmulas mágicas, esta obra coloca os modelos em segundo plano e ressalta o sujeito e os conflitos decorrentes das relações interpessoais nas instituições. O livro traz exemplos concretos, estudos de casos em empresas e instituições, além de apresentar os conceitos filosóficos propostos pelo italiano Ítalo Calvino, como a leveza, a rapidez, a exatidão, a multiplicidade e a consistência, tudo com uma linguagem simples e direta.

Outros Títulos Sugeridos

Dilemas na Gestão Corporativa
Autor: José Antonio Rodrigues
Formato: 18 x 25
Páginas: 112

Esta obra faz parte de uma trilogia sobre Dilemas, em conjunto com **Dilemas na Gestão Financeira** e **Dilemas na Gestão Macroeconômica.** Neste volume, são apresentadas propostas para serem debatidas no campo da gestão empresarial. Os temas abordados nesta obra sem dividem em temas-chave, como Governança Corporativa, Planejamento e Estratégia, Gestão de Pessoal, Cadeias de Formação de Valor, Inovação e Responsabilidade Social. Os dilemas são expostos seguidos de comentários que procuram avaliar os pontos fundamentais das principais questões de debate em ambientes da gestão corporativa.

A Eficácia da Comunicação
Autor: Sérgio Miranda
Formato: 16 x 23
Páginas: 120

Neste livro são expostas associações de técnicas de comunicação interpessoal de impacto à Programação Neurolingüística, oferecendo subsídios para quem precisa adquirir rapidamente o conhecimento indispensável para tornar sua comunicação eficaz. Cada comunicador deve trabalhar sua performance individual através de mecanismos específicos, de modo a serem evitados lapsos de comunicação que geram sérios problemas nas várias esferas tanto da vida pessoal quanto da vida profissional.

Entre em sintonia com o mundo

QualityPhone:

0800-263311

Ligação gratuita

Qualitymark Editora
Rua Teixeira Júnior, 441 - São Cristóvão
20921-400 - Rio de Janeiro - RJ
Tel.: (0xx21) 3860-8422
Fax: (0xx21) 3860-8424

www.qualitymark.com.br
e-mail: quality@qualitymark.com.br

Dados Técnicos:

- **Formato:** 16×23cm
- **Mancha:** 12×19cm
- **Fontes Títulos:** Humanst521XBDCN
- **Fontes Texto:** Clarendon BT
- **Corpo:** 11,5
- **Entrelinha:** 13,5
- **Total de Páginas:** 116